LES VRAIS PRINCIPES

SUR

LA PRÉDICATION,

OU

Manière d'annoncer avec fruit la parole de Dieu,

Par M. l'abbé J.-X. VÉTU,

Chanoine honoraire, ancien vicaire-général de Dijon.

TOME TROISIÈME.

DIJON,
CHEZ POPELAIN, LIBRAIRE,
Place St-Jean, maison Bossuet.

1840.

LES VRAIS PRINCIPES
SUR
LA PRÉDICATION.

LES VRAIS PRINCIPES

SUR

LA PRÉDICATION,

OU

Manière d'annoncer avec fruit la parole de Dieu,

PAR M. L'ABBÉ J.-X. VÉTU,

Chanoine honoraire, ancien vicaire-général de Dijon.

TOME SECOND.

2me PARTIE.

Quand vous enseignerez dans l'église, n'excitez point les applaudissemens, mais les gémissemens du peuple. Que les larmes de vos auditeurs soient vos louanges. (SAINT JÉRÔME A NÉPOTIEN.)

DIJON,
IMPRIMERIE DE SIMONNOT-CARION.

1839.

CHAPITRE X.

DE LA COMPOSITION.

1. Nous l'avons déjà dit plusieurs fois : il se- *Nécessité de la composition.* rait téméraire, quelque facilité qu'on ait, de monter en chaire sans préparation. Ceux qui le font sont rarement goûtés. Ils parlent ordinairement sans ordre, et même sans solidité. S'il s'en trouve qui disent de bonnes choses, ils dégoûtent les auditeurs par la manière dont ils les disent. Ils ne font que se répéter, et ne peuvent jamais finir. Si dans certains momens, où l'on se sentait assez disposé, l'on a réussi pour de courts avis, il ne faut pas se hasarder pour une instruction plus longue. « On court risque, dit Gaichiès, de languir, jusqu'à ce que l'imagination soit échauffée. On dépend de son humeur, de sa santé, du temps. Si toutes ces choses ne concourent, on ne peut se contenter soi-même, encore moins contenter les autres. Celui qui parle sur-le-champ, ajoute-t-il, est ordinairement diffus, languissant, sujet aux redites, se perd en disgressions, dit

de chaque chose ce qu'il en sait, sans ordre et sans rapport au sujet. Les pensées se noient, pour ainsi dire, dans un déluge de paroles. »

Il ne faut pas s'imaginer que c'est assez pour prêcher de ne pas rester court et de parler pendant un temps assez considérable. Si l'on excepte quelques sujets qui ont une extrême timidité ou qui n'ont que des moyens très-médiocres, il n'est pas de prêtres qui ne puissent, avec l'instruction et les ressources ordinaires, parler pendant assez long-temps sans s'arrêter, et suivre même une espèce de plan qu'ils feront aisément arriver à la vie éternelle. Ils passeront pour des Bourdaloue et des Massillon auprès d'une certaine classe d'auditeurs, surtout si à leur verbosité ils ajoutent de grands éclats de voix, et cette véhémence physique qui tire sa force plutôt des poumons que du cœur. On appellera cela *une belle éloquence*. Mais ce jugement d'une multitude ignorante ne sera point celui des gens sensés, même parmi le peuple. Qu'on ne s'y trompe pas, il se connaît plus qu'on ne croit en bons sermons. « C'est pourquoi il ne faut jamais se négliger, dit Gaichiès, pas même à la campagne. Outre qu'on doit ce respect au ministère, le peuple sent ce qu'il ne connaît pas, et il le goûte. Partout il y a quelque connaisseur, qui juge, qui applaudit ou qui décrie : son goût règle celui des autres; il entraîne la foule, et la foule ne l'entraîne pas. » S'il y a des temps où le goût de la multitude est dépravé par certaines circonstances particulières, on peut dire en général qu'il y a un bon sens public qui ordinairement ne se trompe pas.

L'orateur chrétien a d'ailleurs des considérations plus relevées qui doivent le porter à se préparer. Il doit respecter la parole de Dieu et ne pas se mettre dans le cas de la mêler, ou plutôt de l'obscurcir et de la déshonorer par la parole de l'homme. Il doit non-seulement la respecter lui-même, mais aussi la faire respecter par tous les autres, et ne pas l'exposer aux railleries des libertins et des impies, qui sont aussi éclairés pour connaître les défauts des prédicateurs, qu'ils sont aveugles quand il s'agit d'apercevoir la vérité qui peut les sauver. Les prédicateurs négligens sont coupables de toutes les critiques fondées qu'ils font faire, et des dégoûts qu'ils inspirent par leur faute.

Il ne faut pas sans doute présenter la parole de Dieu avec de vaines parures ; mais, en évitant cet excès, il faut prendre garde de tomber dans un autre tout opposé, par négligence et témérité. Lorsque le Sauveur défendait à ses Apôtres de se mettre en peine de ce qu'ils auraient à dire, il n'était pas question de la prédication, mais des réponses à faire sur leur foi devant les juges et les magistrats pendant les persécutions. D'ailleurs les Apôtres avaient reçu des dons extraordinaires qui étaient nécessaires pour la propagation de l'Évangile. Ce serait tenter Dieu maintenant que de se reposer sur l'inspiration du Saint-Esprit en montant dans la chaire. « Ceux qui sont appelés au ministère de la prédication par les voies ordinaires de l'Église, dit l'abbé du Jarry, ne doivent attendre du ciel que ces lumières générales qui ne se perfectionnent que par de profondes méditations sur les livres sacrés, par une constante application à l'étude et à la prière, et par de continuelles réflexions sur toutes les choses qui regardent un emploi dont l'étendue est presque infinie. »

Si, avec un travail assidu, l'on a encore tant de peine de faire un bon sermon, comment veut-on réussir sans se préparer? Certes, ce n'est pas une petite affaire que de remplir toutes les conditions que demande un discours en règle (1). Quand il s'agit d'étudier un sujet à fond et de le traiter d'une manière solide et convenable selon les temps, les lieux, les personnes et leurs besoins ainsi que leurs dispositions, ce n'est pas l'ouvrage d'un moment. Il faut du temps, des soins, des réflexions et

---

(1) Voici un tableau abrégé des qualités que doit avoir le discours considéré tant en lui-même que du côté de l'orateur sacré. On peut juger, par un simple coup d'œil, de tout ce qu'il exige.

Sit sermo :
1° In doctrina verus et orthodoxus;
2° In rebus et fine solidus;
3° In fructu et consequentia moralis;
4° In argumentis lucidus et refulgens;
5° Factis et imaginibus sensibilis;
6° Motibus et affectibus vehemens et patheticus;
7° In omnibus conveniens et proprius;
8° In dispositione bene ordinatus;
9° In toto unus;
10° In mensura brevis;
11° In verbis correctus;
12° In stylo et elocutione simplex et naturalis;
13° In memoria firmiter infixus;
14° Voce alta, distincta et variata pronuntiatus;
15° Toto corporis habitu expressus;
16° Moribus et vita prædicatus;
17° Legitima auctoritate habitus;
18° Fide, oratione, humilitate et charitate fecundatus.

surtout une patience persévérante et un zèle soutenu. Celui-là est donc coupable qui, étant obligé de prêcher par état, ne s'applique pas à préparer ses instructions, et il répondra un jour à Dieu du fruit qu'il ne fait pas par suite de sa négligence.

<small>Des diverses opérations de la composition. — Comparaisons.</small>

2. Comme la composition est ce qui embarrasse ordinairement le plus ceux qui commen-

---

Nous pouvons dire qu'il est rare de trouver tout cela réuni dans un même discours et dans un même individu. Parmi les prédicateurs, l'un a la composition et n'a pas le débit; celui-ci a l'organe et l'action, mais sa composition est mauvaise ou faible. Il y en a qui ont de l'imagination, et d'autres qui sont froids. Tel qui est fort pour le raisonnement ne parle point au cœur. De sorte que le parfait orateur n'est pas celui qui réunit toutes ces qualités (ce qui est presque impossible), mais celui qui en réunit le plus. Nos grands maîtres eux-mêmes n'ont pas tout réuni, du moins au même degré. Il y a toujours une partie où ils ont excellé plus que dans les autres. Cette partie est celle qui était la plus analogue à leur caractère et à leur génie. Ainsi, Bourdaloue est pressant dans les raisonnemens, Bossuet sublime dans les images, Massillon touchant dans les sentimens. Sans manquer des autres qualités, ils excellent dans celles-ci. L'orateur sacré, qui serait tout à la fois comme Bourdaloue, comme Bossuet et comme Massillon, serait parfait. Où est cet orateur? Il n'a pas encore paru, et il ne paraîtra probablement jamais.

cent à exercer le ministère de la parole, nous allons essayer de les aider en leur indiquant, d'après nos maîtres, la marche à suivre pour réussir. En ceci, comme en toute autre chose, il faut aller pas à pas. La composition est un art qui a ses commencemens et ses progrès. Il faut arriver à un résultat satisfaisant par une suite d'opérations faciles dont l'une prépare l'autre. Comme, pour parvenir à une certaine élévation, on ne franchit point tout l'espace d'un seul pas, mais qu'on y monte peu à peu par des marches placées successivement l'une sur l'autre et qui ne passent point la portée du pied, de même on ne parvient à la composition parfaite d'un discours et d'un ouvrage quelconque que par des degrés successifs et rapprochés qui, étant pris chacun en particulier, n'ont rien de trop difficile, et qui conduisent presque sans qu'on s'en aperçoive au point où l'on veut arriver. De sorte que ce qui, dans le principe, effrayait quand on considérait l'élévation relativement au point d'où l'on partait, s'abaisse peu à peu à mesure qu'on avance, comme ces routes, dans les pays montagneux, qui de loin paraissent si rapides à l'œil et qui s'abaissent peu à peu devant le voyageur qui arrive au sommet sans presque s'être aperçu qu'il montait.

Je rapporte les opérations de la composition à quatre principales, qui sont : le choix du sujet et du rapport sous lequel on doit le traiter, l'étude et l'invention des matières, la disposition et la rédaction. Nous allons parler de chaque opération successivement.

<small>Du choix du sujet. Il faut préférer les grands sujets.</small>

3. La première chose que l'orateur doit faire est de bien choisir son sujet. Il doit laisser tous ceux qui n'ont pas une utilité bien positive ni assez grande, pour leur préférer les sujets importans et qui sont d'une utilité plus évidente et plus générale. Choisissez donc des sujets vastes, qui vous placent au milieu de la conscience de vos auditeurs, et qui, en les environnant sans cesse de l'horizon de l'Éternité, embrassent tous les grands intérêts de l'homme chrétien. Laissez ces sujets intermédiaires qui circonscrivent l'orateur dans des bornes trop étroites, qui ne tiennent à aucun précepte de l'Évangile, et qu'on ne peut lier à la religion par les fils les plus minces qu'à force de subtilité, ou qui rentrent dans tous les discours de morale; ces sujets frivoles dont la surface paraît brillante, mais qui ne présentent plus,

quand on veut les approfondir, qu'une pointe sans base, un angle étroit, des détails trop fins et trop déliés pour les grands tableaux qu'aime l'éloquence, des bienséances plutôt que des devoirs, ou la matière d'une lettre et d'un fragment, mais non pas le fond d'un sermon; ces sujets bizarres qui ne sont pour la multitude, comme pour l'orateur lui-même, que des jeux d'un esprit à facettes, et font de la morale une pompeuse déclamation à laquelle le cœur est trop étranger pour y trouver sa part; ces sujets philosophiques, également étrangers à la religion et à l'éloquence, plus dignes du portique ou du lycée que de la chaire évangélique, étonnée de faire entendre au peuple chrétien des discours auxquels un orateur cosmopolite n'aurait besoin de faire aucun changement pour les débiter avec la même convenance dans les mosquées de Mahomet ou dans les pagodes des Indes; enfin, ces sujets que l'on croit neufs et piquans, et qui ne sont que recherchés et stériles, et où l'on ne tâche de montrer tant d'esprit que parce qu'on est dépourvu de talent. (MAURY.)

4. « On traite indignement la parole de Dieu, dit le P. Rapin, de la réduire à des amplifica- *Sentiment du P. Rapin.*

tions puériles de petit sujet et à de pures bagatelles, dans le grand nombre de matières importantes à traiter que peut fournir notre religion, comme font, par exemple, ces petits prédicateurs qui font les zélés contre les diverses vanités des femmes. Un habile homme commence par donner de la terreur des jugemens de Dieu, et par épouvanter les esprits. Il n'y a rien de plus fort pour détruire le luxe, ni qui soit plus capable d'introduire la modestie des habits. C'est par-là qu'il faut débuter; on badine quand on s'amuse à faire autrement. Et en vérité, dans une abondance si riche de grandes matières que l'Évangile peut fournir, il y a de la bassesse d'esprit de s'arrêter à de petits sujets. Je ne sais même par quel malheur nos prédicateurs deviennent quelquefois petits dans les grandes matières qu'ils ont à traiter, lorsque les païens deviennent grands et élevés dans les petites choses qu'ils ont à dire. J'ai honte quand je lis l'oraison d'Eschine contre Ctésiphon, où cet orateur fait éclater avec tant d'art la force d'une éloquence profane dans des bagatelles. On y trouve de la chaleur et même de la grandeur, en comparaison de la langueur et de la faiblesse de la plupart des prédicateurs chrétiens qui, au lieu de s'élever par la majesté et la grandeur de nos mystères, s'amusent à de petites choses, parce qu'ils n'ont pas la force de s'attacher aux grandes. »

5. Le même auteur fait le détail des sujets sur lesquels on doit prêcher de préférence. *Indication de sujets par le même auteur.* « Comme le talent de choisir un sujet solide est rare, et que le commun des prédicateurs manque beaucoup en ce choix, j'ai cru, dit-il, qu'il ne serait pas inutile d'en proposer quelques-uns de ceux qui peuvent être les plus propres, et qu'on a recueillis de l'Écriture, des Pères grecs, surtout de saint Basile, de saint Chrysostôme, de saint Grégoire-le-Grand, de saint Bernard, et de quelques autres Pères latins, et qu'on peut prêcher utilement.

1° *La grandeur de la majesté de Dieu*, comme elle est décrite dans les prophètes et dans les autres endroits de l'Écriture, pour en donner une idée à la plupart des chrétiens qui le connaissent si peu. Le prédicateur peut le rendre terrible aux méchans et aimable aux bons, en le faisant voir tel qu'il est, et ainsi être utile aux uns et aux autres.

2° *La vérité de notre religion*, qui a passé par les têtes les plus sages et les esprits les plus exempts d'intérêt et de passion qui aient jamais été, et qui n'est contestée que par de petits esprits, dont les sentimens sont corrompus parce que les mœurs sont gâtées.

3° *La nécessité et l'importance du salut,* dont les suites sont d'une si terrible conséquence, et la difficulté qu'il y a de se sauver, à cause de l'incertitude de la mort qui surprend presque toujours.

4° *La grandeur du bienfait de la Rédemption,* et les bontés ineffables du libérateur : les reconnaissances qu'on lui doit, et qu'il a méritées de nous, par ses souffrances et par l'effusion de son sang.

5° *L'inutilité de la vie de la plupart des chrétiens,* mais surtout des gens de qualité qui font si peu de chose pour gagner le ciel, lequel, n'étant proposé que comme une conquête, ne peut se gagner par cette mollesse de vie à laquelle s'accoutument les dames chrétiennes. On peut joindre à cette inutilité, la distraction perpétuelle qu'on a dans une affaire si importante, par les autres affaires si frivoles.

6° *Le compte terrible qu'il faut rendre à Dieu de la vie qu'on a menée,* et de l'usage qu'on a fait de ses graces, pour recevoir à la mort son dernier arrêt.

7° La sainteté des mystères de notre religion comme les mystères de *la Résurrection de Jésus-Christ*, qui est le fondement de notre foi; *l'Ascension*, qui est le motif de notre espérance, puisqu'elle nous assure que nous avons un médiateur auprès de Dieu; *la descente du Saint-Esprit*, qui est le lien et le fondement de la charité et de notre amour envers Dieu.

8° *La grandeur de la dignité du nom de chrétien* que l'on reçoit au baptême, qui consiste dans l'honneur qu'on a de devenir enfant de Dieu par adoption, et dans le droit d'être héritier du royaume du ciel. Ce droit et cet honneur est quelque chose de si grand, qu'on ne peut en donner au chrétien une assez grande idée, ni lui faire assez comprendre combien il est obligé de répondre à un si saint nom, par la sainteté de sa vie.

9° *L'éloge* fréquent *de la foi*, qui seule peut fixer, par ses décisions, les inquiétudes et les agitations éternelles de la curiosité à laquelle l'esprit de l'homme est sujet; qui seule est capable d'adoucir les peines perpétuelles de cette vie, et qui, par avance, nous tient lieu des récompenses que nous espérons : *Fides sperandarum substantia rerum.*

10° *Le saint usage qu'on doit faire des sacremens*, qui est ce qu'il y a de plus essentiel à notre religion. Il faut faire bien comprendre que *la Pénitence* est une réconciliation sincère avec Dieu, qui nous oblige à un véritable repentir de l'avoir offensé et à un ferme propos de ne l'offenser jamais plus. Il faut expliquer que l'*Eucharistie* est non-seulement la nourriture des ames, mais un mémorial vivant du bienfait de la Rédemption qui ne doit jamais s'effacer du cœur du chrétien.

11° Il faut parler des *souffrances*, des humiliations, des contradictions et de la pauvreté qui sont les bénédictions du christianisme et les voies les plus sûres pour aller au ciel ; comme les grandeurs en sont les plus grands obstacles.

12° Pour élever les fidèles dans cet esprit de crainte et de tremblement dans lequel il faut qu'ils travaillent à leur salut selon l'avertissement de l'Apôtre : Il est bon de faire retentir souvent aux oreilles des pécheurs la terreur des *jugemens de Dieu*, pour les réveiller de l'assoupissement où leurs crimes les ont plongés, et faire craindre même les gens de bien, en leur représentant souvent à quels périls on s'expose, en négligeant les moindres graces que l'on reçoit de Dieu, qui punit si sévèrement quelquefois le mépris et la dissipation qu'on en fait.

13° Il est nécessaire d'exciter la confiance en Dieu par de fréquens discours sur *la Providence*, qu'on ne connaît presque point, par la mauvaise habitude qu'on a d'imputer les événemens au hasard et le plus souvent à son industrie, sans penser à ce que nous dit l'Évangile, qu'il ne tombe pas un cheveu de notre tête, c'est-à-dire qu'il n'arrive rien au monde, même dans ce qui paraît le plus indifférent, que par l'ordre de la providence, que nous devrions reconnaître et adorer en tout ce qui se passe, pour nous bien acquitter de tous nos devoirs.

14° Il faut parler de l'*obéissance* et de la soumission parfaite qu'on doit *à l'Église*, et de l'*autorité de ses décrets* et de ses définitions, puisque cette autorité est le fondement de notre religion, non-seulement parce qu'elle la distingue de toutes les autres, où il ne paraît aucun vestige de subordination, sans laquelle il n'y a point de société qui puisse subsister ; mais encore parce qu'elle est la règle de ce que nous devons croire et de ce que nous devons faire ;

règle sans laquelle nous serions tous les jours exposés à la merci de nos imaginations, qui sont si extravagantes, et de nos désirs qui sont si déréglés et si changeans.

15° *La vertu de la parole de Dieu,* qui convertit les pécheurs et humilie les sages du monde, doit être un grand sujet de discours.

16° *Les panégyriques des Saints,* qu'il faut proposer aux fidèles comme les véritables modèles de la perfection que Dieu demande d'eux, selon les divers états de leur vocation.

17° Enfin l'étrange misère de la plupart des hommes, qui ne courent qu'après la fausseté et le mensonge, et qui n'occupent leur esprit que de chimères et d'illusions, dont ils se servent pour soutenir les maximes de leur libertinage, est une ample matière pour les prédicateurs.

« Il y a un grand nombre d'autres sujets qui ont du rapport à ceux-ci, comme le caractère essentiel du chrétien, qui est l'amour du prochain par une charité universelle qui n'exclut pas même ses plus grands ennemis; le pardon des injures; la conformité à la volonté de Dieu dans l'adversité; l'aumône; la défiance de soi-même; l'usage fidèle du temps; l'abus des graces; la pénitence; le respect humain, qui est si contraire à la profession du christianisme ; l'horreur du péché ; le soin de son salut ; la présence de Dieu ; la ferveur dans son service ; la prière, et les autres choses qui sont plus capables de toucher le cœur et de contribuer à l'édification du peuple, qu'il faut rechercher sur toutes choses. »

6. Quand nous disons qu'il faut choisir les grands sujets, qui sont ordinairement vastes et abondans, nous sommes loin d'approuver la méthode de ceux qui, embrassant une matière trop étendue, ne font qu'effleurer les choses et n'approfondissent rien. Nous approuvons encore moins ceux qui prêchent d'une manière vague sur l'évangile du jour ou sur toute autre matière. « En montant en chaire, dit le P. Aquaviva, dans ses avis aux prédicateurs, il faut toujours se proposer un sujet particulier qu'on veuille persuader à ses auditeurs (1), et tendre là constamment en exposant et développant clairement

Il ne faut pas embrasser trop de matières, mais se borner à un objet particulier.

---

(1) Gaichiès donne le même avis dans ses *Maximes sur le ministère de la chaire*. « Toutes les fois, dit-il, qu'on monte en chaire, il faudrait se proposer un objet particulier, l'extirpation d'un vice, l'exercice d'une vertu, l'abolition d'un abus, l'établissement d'une pratique pieuse, etc. »

son sujet, en l'appuyant sur de bonnes preuves, en posant des principes dont l'on fasse ensuite des applications justes ; et tout cela d'une manière propre à faire naître dans l'auditeur les sentimens dont on veut le pénétrer. Autrement, la prédication ne produira aucun fruit. Le prédicateur aura erré à l'aventure, et frappé en l'air sans avoir de but où il dirigeât ses coups ; les auditeurs s'en retourneront vides, et ne remporteront du sermon ni un esprit instruit ni un cœur touché.

De la fausse abondance.

7. « Il y en a, ajoute-t-il, qui croient avoir bien prêché quand ils ont parlé d'une foule de choses différentes ; ils s'imaginent que c'est même là faire preuve d'une vaste science et d'une heureuse abondance, comme si la véritable abondance, la seule qui puisse rendre la parole de Dieu fertile, n'était pas de bien savoir envisager les différens rapports de l'objet qu'on traite, de les classer par des divisions exactes, de prouver chaque chose avec beaucoup de clarté et de force, d'insister sur ce qu'on veut persuader à l'auditeur, de faire naître en lui les sentimens qu'on veut lui inspirer, en un mot, de convaincre son esprit et de toucher son cœur. Voyez, dans le très-excellent maître saint

Jean-Chrysostôme, le modèle d'une véritable fécondité : il insiste sur les articles qu'il se propose d'inculquer à ses auditeurs ; il les développe par des exemples bien choisis ; il les explique par des comparaisons ; il les prouve par des argumens solides ; il en montre les avantages, la nécessité, la facilité, etc. ; il cite à propos les textes de l'Écriture, les étend, en fait sentir la force : voilà l'homme vraiment éloquent. »

8. « Si l'on n'a point d'autre dessein, ni d'autre artifice, dit Abelly, sinon de dire tout ce qu'on a trouvé de passages, d'autorités, de raisonnemens, d'allégories, d'allusions, de traits d'histoire, et de tout ce qu'on peut dire à l'occasion de sa matière de près ou de loin, on ne réussira jamais. On pourra dire de très-belles choses, et même qui pourront plaire, mais elles ne feront aucun fruit si elles ne sont où elles doivent être. Il arrive même qu'à force de produire tout ce qu'on sait, tant de pensées diverses et de passages sans choix et sans vues s'entrechoquent et se détruisent souvent les uns les autres, et énervent tous les discours. Ce n'est uniquement que la crainte de manquer de matière qui fait qu'on se jette à l'écart, et que l'on prend tout ce qu'on trouve. Mais il vaut mieux donner un

Il ne faut pas prendre indifféremment tout ce qui se rapporte à un sujet.

peu plus de temps et prendre un peu plus de peine que de tout gâter pour se trop presser. Je ne crois pas qu'il soit plus permis, en fait de prédication qu'ailleurs, d'employer indifféremment toutes sortes de matières, pour s'épargner la peine de les bien choisir. Et, comme on n'a jamais blâmé un architecte ou un charpentier pour avoir suspendu leurs ouvrages plutôt que d'y mettre des matériaux qui ne convenaient pas, on excusera bien aussi un prédicateur qui prendra du temps pour penser à ce qu'il doit employer pour faire un bon sermon. Cela est difficile, je l'avoue, mais ce n'est qu'au commencement. Après avoir essuyé quelques stérilités en se formant le jugement, on se fait un chemin qui conduit à une abondance merveilleuse. »

Il faut rejeter les matières trop abstraites et traiter les plus communes.

9. Les matières les plus propres à la prédication ne sont pas les plus sublimes, mais les plus simples. Elles prêtent beaucoup aux grands mouvemens, parce qu'elles se rapprochent davantage des choses sensibles. Plus le sujet est sous les yeux, plus l'éloquence a de force et d'empire sur les hommes. Voilà pourquoi les missionnaires, qui choisissent ces sortes de sujets, produisent de si grands effets. Les traits

pathétiques ne leur manquent pas; ils ont sous la main la source où il faut les puiser. Par une conséquence contraire, plus le sujet est abstrait, moins il prête à l'éloquence; et l'art ici est parfaitement d'accord avec les intérêts de la religion, que l'orateur chrétien doit avoir principalement en vue. Il rejettera donc tout ce qui est trop relevé, et s'attachera à traiter les matières communes, qui sont aussi les plus utiles et les plus nécessaires aux fidèles.

10. Le prédicateur, dit Grenade, doit prendre garde de ne point traiter les matières trop subtiles et trop relevées, et de ne rien dire dans ses sermons qui soit au-dessus de la portée de ceux qui l'écoutent; car c'est en vain qu'on parle devant eux des choses qu'ils n'entendent pas; et sans doute ceux qui le font cherchent plutôt à satisfaire leur vaine présomption qu'à instruire utilement et à édifier le peuple. C'est pourquoi saint Grégoire-le-Grand, expliquant ces paroles de Job : *Mes paroles tombaient sur eux comme les gouttes de la rosée* (29, 22), dit : « Celui qui instruit les autres doit bien
« prendre garde de ne rien leur dire qui soit
« au-dessus de leur intelligence et de leur
« portée. Il doit se rabaisser et se proportionner

Sentiment de saint Grégoire-le-Grand cité par Grenade.

« à la faiblesse de ses auditeurs, et ne pas
« montrer, en prêchant aux simples des choses
« trop relevées et qui ne peuvent leur être utiles,
« qu'il a plus de soin de paraître que de profiter
« à ceux qu'il enseigne. »

Sentiment des Jésuites.

11. L'institut des jésuites donne les mêmes avis aux prédicateurs de la société. « Qu'ils enseignent, dit-il, des choses proportionnées à la capacité et à l'intelligence des auditeurs; qu'ils insistent sur les devoirs du chrétien, sur l'extirpation des vices, sur la pratique des vertus, et qu'ils s'abstiennent des matières subtiles. Ils doivent recommander le fréquent usage de la confession et de l'Eucharistie, le progrès dans les bonnes œuvres et la persévérance, tout ce qui concerne le culte divin et l'obéissance aux supérieurs qui tiennent la place de Dieu. Ils recommanderont aussi d'une manière particulière les œuvres de pénitence et de miséricorde, la prière et les autres exercices de la dévotion, la lecture des bons livres et la bonne éducation des enfans. (*Regulæ concionat.*, n° 9, 10 et 11.)

Sentiment de saint Liguori.

12. Voici comment saint Liguori s'exprime sur ce sujet : « Le moyen de rendre fructueux les sermons, ce serait, dit-il, d'apprendre

au peuple à se préparer pour la communion, à faire l'oraison mentale, à visiter le Saint-Sacrement, à assister à la messe en méditant sur la passion de Jésus-Christ, sur la pratique des vertus, et d'autres choses semblables. Mais cela se fait-il ainsi? En général, on n'entend que des sermons de haute conception qu'on ne comprend guère. »

13. Lorsque, le sujet étant déterminé par les circonstances, on n'est pas libre de le choisir, on peut l'envisager, quel qu'il soit, sous un rapport intéressant qui peut s'y lier du moins indirectement. De cette manière il est toujours au pouvoir du prédicateur de faire un sermon solide. « On se fait, dit le P. Rapin, une mauvaise coutume de prêcher, sur l'évangile qu'on se propose, ce que prêchent les autres. La difficulté est de concevoir un grand sujet : on ne le fait presque point...... Les bons prédicateurs se distinguent en ce point de ceux qui ne sont que médiocres. En effet, c'est un talent de savoir se faire un grand sujet dans toutes les matières....... Un sujet est grand quand il est solide, et tout ce qui est solide est toujours propre à être prêché. »

Du choix du rapport.

Le besoin des auditeurs doit déterminer le choix du rapport même dans les grands sujets.

14. Ce qui doit déterminer le choix du rapport même dans les grands sujets, c'est le besoin des auditeurs. « Les circonstances du temps et du lieu, dit Besplas, doivent décider du ton de la matière à traiter. Presque tous les prédicateurs tombent ici dans un défaut assez grave; au lieu de plier les sujets au caractère des auditeurs, ils prétendent plier celui des auditeurs aux matières qu'ils traitent. Pour les villes et pour le hameau, ce sont les mêmes objets qu'ils présentent, les mêmes formes qu'ils emploient dans leurs sermons. Louent-ils un saint? Ils le parent autant pour les hommes grossiers des campagnes que pour l'habitant des cités. Ils offrent à ceux-là des vertus étrangères à leur profession, et à ceux-ci des peintures qui les amusent sans les éclairer. C'est presque le même abus dans les discours de morale. De tels orateurs pèchent, non-seulement contre leur ministère, mais encore contre l'éloquence dont ils manquent le but : ils ignorent un principe, d'où découlent les autres, et qui n'échappe sans doute que par l'habitude de n'y pas réfléchir. C'est que *l'éloquence résulte du rapport du discours avec ceux qu'on instruit* (1). Telle ma-

---

(1) Le triomphe du prédicateur, c'est d'emprunter

tière est éloquente pour un auditoire, qui n'est qu'un langage abstrait et froid pour un autre. Si le cœur de ceux qui écoutent ne reçoit aucune impression de ce que vous dites, vous n'avez rien fait pour votre art (1). »

15. « On doit, dit Grenade, avoir plus de soin des auditeurs mêmes que du sujet, puisque le but et la fin de tout le discours est de les instruire de leurs devoirs, et de les y exciter. C'est à quoi plusieurs ne pensent presque jamais; et, comme ils ne s'arrêtent qu'à ce qui convient à la nature du sujet, toute la force et l'étendue de leur discours consiste plus en cela qu'en ce qui regarde les besoins de ceux qui les entendent; et ainsi ils les laissent presque vides et frustrés des remèdes qu'ils pouvaient en espérer. C'est ce que font quelques-uns qui, ayant à traiter, par exemple, de la haine et des calomnies des pharisiens contre notre Seigneur

Sentiment de Grenade.

---

si bien les sentimens de ceux qui écoutent, qu'ils croient parler par sa bouche. (*Le même.*)

(1) C'est un grand point de savoir discerner ce qui est propre aux personnes, aux temps, aux lieux, et aux circonstances, pour gagner l'esprit par l'endroit le plus sensible et le plus susceptible des impressions qu'on veut lui donner. (ABELLY.)

Jésus-Christ, et trouvant un grand nombre de passages sur ce sujet, ne travaillent qu'à les assembler tous et à les entasser dans quelque ordre, en employant en cela tout leur sermon, ou du moins la plus grande partie, sans se mettre en peine de ce qui regarde l'état et les besoins de leurs auditeurs; en quoi ils ressemblent à des voyageurs qui s'arrêtent tellement à tous les objets qui les frappent agréablement dans leur chemin, qu'ils oublient où ils doivent aller. Il est certain que tout ce que nous disons doit tendre à établir les bonnes mœurs et à détruire les mauvaises; c'est donc cela seul que nous devons avoir en vue dans nos discours, sans nous arrêter à aucune autre chose, qu'autant qu'elle nous conduit à cette fin.

C'est pourquoi, comme un habile architecte examine et mesure à la règle et au cordeau tout ce qu'il fait, pour l'ajuster à son plan, et rejette tout ce qui s'en éloigne tant soit peu; de même le prédicateur doit toujours avoir devant les yeux son but, et bien prendre ses mesures pour y ajuster tout ce qui entre dans son discours. Il doit en rejeter tout ce qui ne conduit point à ce but, quelque ingénieux, quelque délicat et excellent qu'il puisse être.

S'il fait autrement, qu'il sache qu'il se rend coupable de trahison et d'infidélité envers Dieu, puisque, devant travailler au salut des ames, il a plus de soin de ses propres intérêts (1) que de ceux de Jésus-Christ.

16. « On ne doit pas s'étonner, dit Abelly, s'il y a peu de prédicateurs qui convertissent, puisqu'il y en a peu qui en forment le dessein, et au contraire il y en a plusieurs qui seraient fort étonnés, comme dit un bel esprit de notre siècle, si on leur montrait quelqu'un qui ait été converti à leur sermon, puisque c'est à quoi ils n'avaient jamais pensé. On a seulement en vue de faire un discours d'une heure, pendant laquelle on tâchera de dire toutes les plus jolies choses qu'on aura pu imaginer ou emprunter, sans autre but que celui de contenter son auditoire, et de faire dire à tout le monde : *Il a bien prêché.* Je ne suis pas surpris de ce que l'auditeur ne songe pas à sa propre conversion ; mais je me fâche contre le prédicateur dont la

Sentiment d'A-belly.

---

(1) *De ses intérêts* selon le monde, et non de ses vrais intérêts, qui sont ceux de l'éternité. Il est consolant de penser que c'est en faisant notre devoir que nous travaillons le plus efficacement pour nous-mêmes.

fonction est de l'en faire souvenir, de ce qu'il pense lui-même à tout autre chose. Il semble que plusieurs prédicateurs ne veuillent faire que des chefs-d'œuvre, c'est-à-dire des pièces qui ne sont faites à autre intention que pour faire connaître aux maîtres qu'on a appris les règles de l'art. Mais un chef-d'œuvre n'est pas ordinairement une pièce d'usage, et si l'ouvrier, parce qu'il est estimé pour l'avoir faite, n'en voulait point faire d'autres, il gagnerait fort peu. »

<small>Il faut s'occuper non-seulement des besoins généraux, mais des besoins particuliers des auditeurs.</small>

17. Le prédicateur doit envisager son sujet, principalement sous le rapport moral. De plus, ce n'est point assez de le considérer, même sous ce rapport, d'une manière vague; il faut, selon que l'observe saint Grégoire-le-Grand, s'occuper des besoins particuliers de ses auditeurs. « Comme Grégoire de Nazianze, de glorieuse mémoire, l'a déclaré long-temps avant nous, il ne faut pas, dit-il, se servir de la même méthode, ni des mêmes préceptes pour instruire indifféremment tous les fidèles, parce qu'ils n'ont pas tous les mêmes dispositions et que leurs mœurs sont différentes : de sorte que les mêmes règles qui seraient utiles aux uns, deviendraient préjudiciables aux autres. On voit des herbes qui servent d'alimens à certains ani-

maux et qui en font mourir d'autres..... Le même remède qui guérit une maladie, devient un poison pour une autre espèce de mal et le redouble..... Il faut donc que les instructions soient proportionnées au génie et aux dispositions des auditeurs, afin qu'en édifiant tout le monde en général, on donne à chacun ce qui lui convient. » Ce saint pape entre ensuite dans de grands détails sur les instructions spéciales qu'on doit donner aux différentes classes. Il consacre à cet article important toute la troisième partie de son *Pastoral*. Les prédicateurs et les confesseurs ne sauraient trop méditer les avis qu'il donne. Rien n'est plus propre à les diriger sagement dans l'accomplissement de leurs saintes fonctions.

18. « Le prédicateur, dit Grenade, doit se représenter ses auditeurs comme cette multitude de malades qui se tenaient autrefois couchés autour de la piscine, afin d'être guéris de leurs

S'appliquer surtout à la guérison de leurs maladies spirituelles. — Détails à ce sujet (1).

---

(1) Nous avons déjà traité cette question, mais sous un autre rapport, et sans entrer dans les mêmes détails. Elle est trop importante pour ne pas achever de la mettre dans tout son jour, en offrant de nouveaux développemens qui pourront être utiles aux orateurs sacrés.

maladies (Joan., 5, 3); et il doit se considérer lui-même comme l'ange qui en remuait l'eau, étant envoyé de Dieu pour procurer la guérison, non de quelqu'un, mais de tous, par les divers remèdes de sa parole. Qu'il se figure donc qu'il y a dans cette assemblée beaucoup de boiteux, c'est-à-dire de ceux qui connaissent bien la voie de la vérité, mais que la paresse, la lâcheté et la crainte du travail retiennent et empêchent d'y marcher; qu'il y en a d'autres qui ont les membres desséchés, c'est-à-dire qui n'ont nulle bonté, nulle douceur, nulle onction, ni piété, ni tendresse, ni charité, et qu'il y a aussi des aveugles, c'est-à-dire des personnes qui, n'étant éclairées d'aucune connaissance des choses divines, marchent dans les ténèbres, et tombent à toute occasion.

« Il y a encore d'autres sortes de vices, ou de maladies spirituelles, dont le prédicateur évangélique et vraiment pieux déplore souvent les malheureux effets; car il voit avec douleur que les uns, enflammés d'une avarice et d'une ambition ardente, font leur dieu de l'argent et des vains honneurs du monde, et que les autres sont misérablement desséchés par la malignité de l'envie et d'une cruelle jalousie qui les dévore. Il voit que les uns, enflés de l'esprit d'orgueil, s'élèvent au-dessus des autres, et les traitent avec mépris, et que d'autres, brûlant d'une ardeur impure et brutale, se perdent dans la dissolution de l'impureté. Il voit enfin que ceux-ci, se laissant aller aux emportemens de la colère, chargent inconsidérément leurs frères d'injures et d'outrages ; que ceux-là au contraire, par un esprit servile, se glissent comme en rampant auprès de ceux qui sont au-dessus d'eux, par de honteuses flatteries et par de lâches complaisances, et que d'autres encore ont une ame vénale comme Judas, et sont prêts en toute occasion à sacrifier leur honneur et leur conscience à des intérêts honteux, contre ce qu'ils doivent à l'amour de la vérité et de la justice.

« Que dirai-je de ces pécheurs endurcis, dont l'ame est comme saisie d'une paralysie qui la rend insensible à toutes les choses spirituelles et divines, en sorte qu'ils péchent sans aucun sentiment de douleur, qu'*ils se réjouissent même lorsqu'ils ont fait le mal, et qu'ils triomphent dans les choses les plus criminelles* (Prov., 2, 14)? ou bien de *ceux qui font leur dieu de leur ventre* (Philip., 3, 19), qui ne songent qu'à faire bonne chère, et qui rapportent tous les soins de la vie présente à la mollesse et au plaisir du corps, sans penser ni à leur ame, ni à la vie future, comme si tout devait finir avec celle-ci, et qu'il n'y en ait point d'autre à espérer?

« Que le prédicateur pense donc que la plupart de ceux qui l'entendent sont frappés de ces diverses maladies qui aboutissent toutes à la mort, et à la mort éternelle ; et que, dans cette vue, il reconnaisse qu'il n'y a rien de plus indigne d'un ministre de la parole de Dieu, destiné pour guérir de si grands et de si dangereux maux, que de s'amuser à poursuivre en quelque sorte des mouches qui voltigent dans l'air, dans le temps qu'il s'agit d'appliquer les remèdes salutaires à des maladies si multipliées.

« Et, comme il est de la prudence d'un habile médecin, non-seulement de traiter avec soin les malades, mais aussi de donner à ceux qui jouissent de la santé des régimes et des ordonnances pour la conserver, le prédicateur se fera de même un devoir d'imiter en cela le soin et la prudence du médecin, vu principalement que, pour la parfaite justice, il ne suffit pas de se détourner du mal, si l'on ne fait aussi le bien. Il doit donc, et détourner du mal, et exhorter aux bonnes œuvres, c'est-à-dire à tous les devoirs de vertu, puisqu'on ne peut bien surmonter les vices que par des actions de vertu contraires; mais il aura soin pour cela d'exciter surtout à celles qui sont non-seulement excellentes en elles-mêmes, mais encore d'un grand secours pour l'acquisition des autres. Les premières et les principales en ce genre sont l'assiduité à la prière, la méditation journalière sur le mystère de la passion et la mort de notre Sauveur, et sur les autres inestimables bienfaits de notre Rédemption; le fréquent usage des sacremens; la lecture des livres de piété; l'application constante et soigneuse à se mortifier, c'est-à-dire à réprimer les désirs de la chair, à veiller à la garde de son cœur, à régler ses sens extérieurs, et principalement ses yeux et sa langue, et toutes ces œuvres de miséricorde, soit corporelles, soit spirituelles, que la charité veut que l'on exerce envers le prochain.

« Enfin le prédicateur évangélique, à l'exemple de l'apôtre saint Paul, doit *se faire tout à tous, pour les sauver tous* (1 Cor., 9, 22). Il doit en imposer aux uns, inspirer la confiance aux autres, et consoler particulièrement ceux qui sont dans la misère et dans la souffrance. Et puisque, comme dit le même apôtre, *tout ce qui est écrit est écrit pour notre instruction, afin que nous concevions une espérance ferme par la patience, et par la consolation que les Écritures nous donnent* (Rom., 15, 4), il faut que celui qui dispense cette divine parole, affermisse de plus en plus ceux qui sont debout et fermes dans la foi et la piété; qu'il relève ceux qui sont tombés, qu'il encourage et fortifie les faibles; qu'il anime et qu'il pique de l'éperon, pour ainsi dire, ceux qui courent dans la carrière de la vie spirituelle; qu'il frappe par la terreur des jugemens de Dieu ceux qui sont endurcis dans leurs crimes; en un mot, il faut qu'il adapte si bien tout son discours aux divers états et aux différens devoirs de toutes sortes de professions, que chacun y trouve les remèdes convenables et proportionnés à son état.

« C'est ce que saint Paul avait coutume de faire à la fin de ses épîtres, où nous voyons qu'il ne donne pas seulement des préceptes pour vivre chrétiennement dans toutes sortes de conditions, mais qu'il prescrit même soigneusement en particulier aux maîtres et aux serviteurs, aux pères et aux mères, aux enfans, aux maris et aux femmes, aux veuves, aux riches et aux puissans du siècle, ce que doit faire chacun dans sa condition. C'est aussi, comme nous lisons dans l'Évangile, ce qu'a fait saint Jean-Baptiste, lorsque, le peuple venant à lui en troupes, il leur donnait diverses instructions pour leur conduite, à chacun selon son état et sa profession. (Luc., 3, 10.) C'est donc aussi à quoi doit tendre tout notre travail dans la prédication, si nous voulons dispenser fidèlement, et avec une prudente piété, le pain de la divine parole à ceux qui ont faim, plutôt que de chercher à nous attirer l'estime et les applaudissemens du peuple; quoique, à dire vrai, quiconque prêchera de cette sorte, ne manquera point d'être écouté avec satisfaction : car c'est une chose dont l'expérience ne permet pas de douter, qu'il n'y a rien qui gagne plus l'estime du peuple, ni qu'il écoute avec plus d'attention, que ce qui tend plus directement à guérir ses plaies (1). »

---

(1) Grenade expose, dans le XIIe chapitre du VIe livre de sa *Rhétorique ecclésiastique*, les moyens de

De l'étude du sujet. Sa nécessité.

19. Lorsque le choix du sujet et du rapport est bien déterminé, on s'applique à l'étude de sa matière. C'est la seconde opération de la composition. Cette étude est nécessaire. Comment, en effet, pourrait-on parler convenablement sur ce qu'on ignorerait? Sans doute qu'on a sur les matières de la prédication les connaissances communes qui sont le fruit des études ordinaires. (Nous devons du moins le supposer, car on n'entre pas dans la carrière du saint ministère sans une préparation suffisante, les supérieurs ecclésiastiques y veillent et font subir des examens à ceux qui se destinent aux fonctions sacrées); mais cette préparation générale et éloignée ne suffit pas pour monter dans la chaire évangélique sans autre disposition. Il faut une préparation prochaine, une étude spéciale des objets sur lesquels on doit parler. Autrement on ne traiterait les choses que superficiellement et d'une manière tout-à-fait incomplète. On manquerait totalement son but.

---

connaître les besoins moraux particuliers de ses auditeurs et les règles de prudence à suivre dans l'usage de ces moyens. Comme nous avons parlé de ces objets dans différens endroits de cet ouvrage, nous n'y reviendrons pas. (Voyez chap. III, n°s 52 et suiv., et chap. IV, n°s 66 et 67.)

Les auditeurs supposent (et cela doit être) que le prédicateur connaît mieux qu'eux la matière qu'il traite. S'ils s'aperçoivent qu'il leur est inférieur sous ce rapport, il ne produira en eux aucun fruit. C'est donc par une étude approfondie de son sujet qu'il se mettra, dans leur opinion, à la place qu'il doit y occuper. Plus il l'aura étudié à fond, plus il s'assurera d'avantages sur eux et de confiance en lui-même pour prendre l'ascendant dont il a besoin pour les conduire à ses fins.

C'est très-souvent parce qu'il ne connaît pas assez son sujet, que l'orateur manque de clarté ou d'ordre dans son discours. S'il est lui-même dans les ténèbres, comment peut-il éclairer les autres? S'il marche au hasard, comme un voyageur qui ne connaît pas le pays où il est, comment peut-il conduire sûrement ceux qui viennent pour l'écouter et pour apprendre de lui le vrai chemin du ciel? « Il faut, dit Maury, « être profondément instruit de la matière « qu'on veut traiter, avant d'en faire le sujet « d'un discours, et pour pouvoir y coordonner « clairement ses pensées. » Il n'est pas facile de bien présenter un sujet qu'on ne connaît qu'en partie. Il faut, selon Fénélon, l'avoir considéré dans toute son étendue pour pouvoir le traiter avec ordre et méthode.

<small>Des moyens d'étude ou d'invention.
1ᵉʳ MOYEN. — Méditation du sujet.</small>

20. Il y a quatre principaux moyens d'étude ou d'invention, qui sont la méditation du sujet ou la réflexion, la lecture des auteurs, l'écriture ou la composition même, et l'imitation. Parlons d'abord de *la méditation du sujet*. Méditer un sujet, ce n'est pas lui donner un coup-d'œil rapide ; c'est l'envisager attentivement de tous ses côtés ; c'est en examiner tous les détails ; c'est se rendre présentes à l'esprit toutes ses circonstances ; c'est enfin y penser si sérieusement, qu'on puisse en approfondir le fort et le faible, le partager en plusieurs parties, connaître bien celles-ci les unes après les autres, les comparer ensemble, voir leurs rapports, bien fixer dans son esprit les principes et ce qui leur sert de fondement ; considérer attentivement leurs diverses applications aux cas particuliers, et aller, par le raisonnement, des conséquences les plus immédiates à celles qui sont les plus éloignées. Ceci, nous en convenons, n'est pas facile, surtout lorsqu'on est abandonné à ses propres ressources, c'est-à-dire lorsqu'on n'a que le seul moyen de la réflexion. La vérité, qui paraît si facile à trouver lorsqu'on la connaît,

n'est cependant aperçue que difficilement par ceux qui l'ignorent. Indiquons donc quelques moyens qui puissent diriger ceux qui ne sont pas encore bien exercés à réfléchir par eux-mêmes.

21. Parmi les moyens propres à aider la réflexion et à la diriger, les rhéteurs proposent entre autres ce qu'on appelle les *lieux communs*. On entend par-là certaines indications ou méthodes générales qui conviennent à plusieurs sujets. Ces méthodes peuvent être utiles dans le moment de la composition pour aider la mémoire et diriger l'attention. Tous les écrivains en font naturellement usage, quoiqu'ils n'y pensent pas toujours. Ce sont des généralités qui ne peuvent servir que par l'application spéciale que l'esprit en fait actuellement aux objets particuliers qui l'occupent. Elles aident à suivre le fil des idées en montrant les rapports naturels des choses entre elles. Nous avons besoin de méthode pour ne pas nous égarer dans la recherche de la vérité. Notre intelligence, étant bornée, ne peut voir qu'à une certaine distance. Elle ne peut considérer beaucoup d'objets à la fois. Pour les voir à fond, elle doit, après une vue générale selon sa portée, descendre dans le détail et marcher, pour ainsi dire, pas à pas, comme un voyageur

<small>Moyens propres à aider la réflexion. Des lieux communs.</small>

qui, pour connaître un pays, est obligé de parcourir successivement les différentes localités pour considérer l'un après l'autre les divers objets qui s'y trouvent. Il n'est donné qu'à Dieu de voir tout d'un seul regard, parce que son intelligence, étant infinie, peut tout embrasser. Pour nous, qui sommes des créatures, nous ne pouvons voir qu'à un certain point et d'une manière successive. Les méthodes nous sont donc d'un grand secours. Elles nous empêchent de nous perdre dans le labyrinthe que nous parcourons. Elles abrègent considérablement notre travail, et nous aident à perfectionner nos compositions.

Ce n'est pas que nous attachions une grande importance aux lieux communs tels que les rhéteurs nous les présentent. Nous pensons que la lecture réfléchie des bons auteurs suffit pour fournir abondamment les preuves essentielles sur tous les sujets. La raison et le bon sens, guidés par leur expérience, inspirent mieux les écrivains que tous les moyens artificiels qu'ils peuvent mettre en usage. Ce n'est pas avec le secours des nomenclatures ontologiques qu'on viendra à bout de faire un bon discours, si l'on n'a pas d'autres ressources. Cependant, comme

c'est l'usage de parler des lieux communs quand
on traite de la composition, nous ne voulons pas
les passer entièrement sous silence; mais, au lieu
d'exposer ceux d'Aristote et des scholastiques,
nous mettrons sous les yeux quelques indications
générales plus utiles et surtout plus analogues
au but de cet ouvrage (1). Commençons d'abord
par donner une idée générale des principaux
objets de la prédication. Quoique cet article se
rapporte plus spécialement à celui que nous
avons traité précédemment (l'article qui con-

---

(1) Un ouvrage qui serait vraiment utile à ceux qui composent, serait un *Dictionnaire de méthode*. On mettrait, à chaque mot qui serait susceptible d'y entrer, les indications générales des rapports naturels ou arbitraires, consacrés par l'usage, qui se lieraient à ce mot. En le faisant spécialement pour les prédicateurs, on y ferait entrer toutes les généralités qui se rapportent plus particulièrement aux matières de la prédication. En cherchant les mots propres des sujets ou des principales preuves, ils verraient ceux qui s'y lient par un ordre naturel ou d'usage, ceux même qui présenteraient les contraires, en un mot, tout ce qui y tient par quelque côté, et ils choisiraient, pour développer leurs pensées, les rapports qui leur paraîtraient les plus convenables à leurs desseins. On mettrait à la tête de ce dictionnaire un *Traité de méthode* qui contiendrait les principes généraux présentés d'une

cerne le choix des sujets), nous avons cru qu'il serait bon de le présenter ici avec ceux dont il fait le complément, afin qu'en étant plus rapproché, on puisse mieux voir leurs rapports.

<small>Principaux objets de la prédication.</small>

22. Les principaux objets de la prédication se rapportent au dogme, à la morale, à la discipline et aux sacremens. *Le dogme* comprend ce qui regarde Dieu, son existence, sa nature ou ses perfections, ses ouvrages, sa providence;

---

manière plus attrayante que ne l'ont fait les scholastiques dans leurs cours de philosophie. Cet ouvrage, exécuté comme je le conçois, faciliterait singulièrement le travail de la composition. On y trouverait, au titre particulier des divers sujets qu'on peut traiter dans la chaire, le tableau complet de ces sujets par les termes généraux rangés dans l'ordre le plus naturel. Il serait facile ensuite de pénétrer dans l'intérieur de chaque matière, en cherchant les méthodes et les divisions qui se rattachent à ces termes. Il faudrait réunir, dans cet ouvrage, ce que les autres ont de mieux sous le rapport de la méthode. Avec un tel secours on viendrait à bout de perfectionner les moyens d'étude et d'enseignement, et, par-conséquent, de hâter les progrès de ceux qui s'instruisent, et de soulager considérablement ceux qui enseignent les autres, soit par écrit, soit de vive voix. Tout est dans les méthodes. C'est là où se trouvent les secrets des maîtres et de ceux qui excellent dans tous les genres.

la sainte Trinité, l'Incarnation, la Rédemption et les autres mystères ; la religion ou le culte ; la révélation et ses preuves, ou les miracles et les prophéties ; l'Église, son établissement, sa constitution, son autorité, ses caractères, ses membres et son chef ; les anges, leur création, leur nature, la fidélité des uns et la chute des autres, la récompense des premiers et le châtiment des seconds ; les services que nous recevons des bons anges et l'occupation des mauvais ; l'homme, sa création, sa nature, sa destinée, sa chute ; les fins dernières, la mort, le jugement particulier et le jugement général, le paradis, l'enfer, l'éternité, le purgatoire.

La morale renferme nos devoirs envers Dieu, la foi, l'espérance, la charité, l'adoration, etc.; nos devoirs envers le prochain, la justice, la subordination, l'amour, etc.; nos devoirs envers nous-mêmes, la tempérance, la chasteté, l'humilité ; en général, toutes les vertus à pratiquer et tous les vices à éviter, l'orgueil, l'avarice, la luxure, l'envie, la gourmandise, la colère et la paresse ; tous les devoirs d'obligation et les conseils ; et enfin les devoirs particuliers de chaque état.

La discipline a pour objet les lois de l'Église

et tout ce qui regarde l'administration ecclésiastique. On distingue la discipline générale et les disciplines particulières des lieux et des différens états, comme sont le clergé, les religieux, etc.

Les sacremens sont au nombre de sept : le baptême, la confirmation, l'eucharistie, la pénitence, l'extrême-onction, l'ordre et le mariage. Ils ont des parties qui se rapportent aux précédentes. Ainsi ils renferment des articles de dogme, de morale et de discipline.

Cette indication générale serait insuffisante si nous n'entrions pas dans quelques détails qui mettront sur la voie pour aider à trouver les preuves par l'étude. Indiquons d'abord les sources de ces preuves.

Sources des preuves.

23. On tire principalement les preuves du dépôt de la révélation, de la raison et de l'histoire. Le dépôt de *la révélation* est contenu dans l'Écriture-Sainte et dans la tradition. L'Écriture-Sainte, qui est la parole de Dieu écrite dans des livres inspirés, contient, comme on sait, l'ancien et le nouveau Testament. La tradition, qui est la parole de Dieu non écrite dans des livres inspirés, comme ceux de la Bible, renferme, non-seulement l'enseignement de vive voix dans l'Église, mais aussi l'enseignement par des

écrits ou par des monumens dans la même Église depuis les apôtres jusqu'à nous. On la trouve dans les décisions des conciles et des souverains pontifes, dans le témoignage des saints Pères, dans les docteurs catholiques, c'est-à-dire dans les théologiens et les canonistes, et enfin dans les fêtes, les cérémonies, les coutumes et usages de l'Église, et jusque dans les monumens sacrés.

Par *la raison*, on entend toutes les connaissances qui peuvent être acquises par les lumières naturelles. Ainsi la métaphysique, la physique, les belles-lettres, les arts, le droit civil et toute la jurisprudence, la politique même, les usages, les coutumes, les mœurs, l'histoire tant ancienne que moderne; en un mot, toutes les sciences que l'homme acquiert par la raison et par l'expérience peuvent fournir des preuves à l'orateur sacré.

Prenons maintenant quelques articles particuliers, afin de montrer comment on peut entrer dans le détail.

24. Voici les termes généraux d'un *dogme* : 1° Son exposition; 2° ses preuves par l'Écriture-Sainte et par la tradition, et les autres argumens; 3° les objections et les réponses ; 4° son histoire

<small>Termes qui renferment les idées générales d'un dogme.</small>

et celle des hérésies qui l'ont contredit, et leur condamnation, etc.

Idées générales d'une vertu et d'un vice.

25. Quant il s'agit d'une *vertu*, on peut rapporter ses idées générales à ces termes : 1° Sa définition ou sa nature ; 2° ses différentes sortes ou ses différens actes ; 3° ses degrés ; 4° les vertus plus spéciales qui en dépendent ; 5° les motifs de la pratiquer ; 6° les exemples qu'en ont donné Jésus-Christ et les Saints ; 7° ses bons effets, etc.

Tout ce qui concerne un *vice* se réduit à ce qui suit : 1° Sa définition ; 2° ses différentes espèces ; 3° les vices qui y tiennent ; 4° sa condamnation par la religion et la raison ; 5° ses funestes effets et sa punition ; 6° les moyens de s'en garantir et de s'en corriger, etc.

Termes généraux d'un sacrement.

26. Les termes généraux d'un *sacrement* sont : 1° sa nature ; 2° sa matière ; 3° sa forme ; 4° ses effets ; 5° le ministre ; 6° le sujet ; 7° le temps ; 8° le lieu ; 9° les dispositions ; 10° les cérémonies, etc.

Observations.

27. Il serait facile de multiplier ces indications générales en entrant dans le détail des objets particuliers qui y sont compris ; en donnant, par exemple, les termes généraux qui indiquent les idées principales sur chaque

trons, par un exemple, la manière de s'y pren- *nétrer dans un sujet par la réflexion.*
dre. Que les forts nous excusent en faveur des
faibles. Je suppose que j'aie choisi pour sujet *le
salut.* Je veux me faire un premier tableau pour
guider mes réflexions et soulager ma mémoire.
J'inscris les premières idées qui se présentent à
mon esprit sur cet article :

      I. Le salut.
     II. Son importance.
    III. Sa nécessité.
    IV. Ses conditions.

Ce premier tableau commence d'abord à me fixer sur quelque chose. J'entrevois déjà les principales parties du sujet. C'est un premier aperçu ; mais, comme il est trop vague, je vais lui donner un premier développement en prenant chaque article à part, et en creusant dans le sujet par le moyen de l'analyse. Pour mieux me diriger, je m'interroge moi-même, et je tâche de répondre à mes propres questions. Qu'est-ce que le salut? *Salut;* ce mot me fait entendre la préservation de quelque mal, et un état de sécurité dans ce qui lui est contraire. Quel est ce *mal* dont le salut nous préserve? C'est la damnation, c'est le malheur des réprouvés. Qu'est-ce qui lui est contraire? C'est l'état de sécurité dans l'assurance du bonheur des élus. Je prends ensuite le second terme du tableau, l'*importance du salut*. Je procède également par questions, parce que c'est la méthode la plus naturelle. En quoi le salut est-il important? Il est important en ce qu'il s'agit de nous-mêmes personnellement, et non de ce qui nous est étranger, ou de ce qui ne tient à nous qu'accessoirement, comme nos biens ou notre charge. En quoi est-il encore important? En ce qu'il s'agit de tout nous-mêmes, c'est-à-dire de notre ame et de notre corps; et surtout en ce qu'il s'agit de tout nous-mêmes, non pour quelque temps, mais pour toujours, *pour une éternité!* Je passe au troisième terme, *la nécessité du salut*. En quoi le salut est-il nécessaire? Il est nécessaire en ce que nous ne pouvons pas nous dispenser d'y travailler, et d'y travailler personnellement. Pourquoi ne pouvons-nous pas nous dispenser d'y travailler? Parce qu'étant créés immortels, et notre sort éternel devant nécessairement être fixé pour le ciel ou pour l'enfer, selon notre conduite ici-bas, nous sommes dans l'alternative inévitable de travailler à notre salut ou d'être réprouvés. Il n'y a donc pas moyen de rester neutres ou indifférens? Non. Et pourquoi?

Parce que la neutralité ou l'indifférence conduit à la réprobation, en faisant négliger ce qui assure le salut. Que signifie ce mot, qu'il faut travailler au salut *personnellement?* Il signifie qu'on ne peut y travailler par d'autres, mais qu'il faut y travailler par soi-même et payer de sa personne. Je viens enfin au quatrième terme, celui des *conditions du salut.* Quelles sont ces conditions? Il y en a deux principales pour les adultes baptisés. Ces conditions sont *la foi* et *l'état de grace.* Qu'entend-on par *la foi?* On entend la croyance de toutes les vérités que l'Église enseigne de la part de Dieu. Et par *l'état de grace?* L'état de justice qui vient de la pratique des œuvres et de l'accomplissement de tous ses devoirs envers Dieu et envers son Église, envers le prochain et envers soi-même.

En réfléchissant sur tout ce qui vient d'être exposé dans cette espèce de méditation ou d'entretien avec moi-même, sur les objets indiqués dans la première ébauche du *tableau du sujet* qui m'occupe, je ne puis m'empêcher d'être profondément affligé en voyant *la conduite de la plupart des hommes dans une affaire aussi capitale que celle du salut.* Je les interroge comme s'ils étaient en ma présence; j'entends leurs raisons ou plutôt *leurs prétextes;* et, plein d'indignation, je leur en fais voir la frivolité; ou plutôt, plein de compassion, je cherche à les tirer de leurs illusions; puis, découvrant *les véritables causes qui leur font si généralement négliger leur salut,* je m'efforce de les prémunir contre des difficultés dont ils se font des monstres, et je leur indique les *moyens de les surmonter.* Ces réflexions me font voir qu'il manque à mon premier tableau des articles importans. Je m'empresse de les y inscrire pour le compléter. Ainsi, aux quatre premiers termes j'ajoute les suivans :

V. Conduite insensée de la plupart des hommes à l'égard du salut.
VI. Leurs prétextes et les réponses.
VII. Les véritables causes de l'oubli et de la négligence du salut.
VIII. Les moyens d'y travailler efficacement.

J'opère sur ces nouveaux articles comme sur les premiers, en me faisant des questions et en y répondant. Pour ne pas ennuyer, nous ne ferons qu'indiquer sommairement les choses, sans entrer dans le détail comme précédemment. Voici les questions principales. Comment se conduisent la plupart des hommes relativement au salut? (Diverses classes sous ce rapport : *les indifférens et les incrédules, les hommes distraits et les pécheurs.*) Quels sont leurs prétextes? Les uns disent que l'avenir que la religion annonce n'est pas certain; les autres objectent la multitude de leurs affaires et de leurs occupations; il y en a qui s'excusent sur leur faiblesse, et qui prétendent que l'accomplissement des conditions du salut leur est impossible. Quelles sont les causes véritables de leur conduite? Il est évident que c'est le défaut de foi, la mauvaise volonté, ou une volonté faible, une volonté inconstante. Quels sont les moyens de travailler efficacement à son salut? D'après ce que nous venons de dire, il est facile de les indiquer. En effet, par la connaissance des causes d'un mal on arrive aisément à celle des remèdes. Ainsi, c'est en s'affermissant dans la foi et en s'éclairant, c'est en ayant une bonne volonté, une volonté sincère, forte et persévérante, qu'on travaillera efficacement à son salut.

Je termine cette première opération en dressant le tableau suivant, qui résume mes réflexions et qui me fait voir le sujet sous un point de vue plus étendu.

I. Le Salut.
  C'est : 1° L'exemption de la damnation.
          2° La possession du ciel pour toujours.
II. Son importance.
  1° Il s'agit de nous-mêmes.
  2° — de tout nous-mêmes.
  3° — de tout nous-mêmes pour toujours.
III. Sa nécessité.
  1° Alternative où nous sommes.
  2° Il faut travailler au salut personnellement.
IV. Ses conditions.
  1° La foi.
  2° L'état de grace.
V. Conduite insensée de la plupart des hommes relativement au salut.
  1° Les indifférens et les incrédules.
  2° Les hommes distraits.
  3° Les pécheurs.
VI. Leurs prétextes et les réponses.
  1° L'incertitude de l'avenir.
  2° Les affaires.
  3° Les passions.
VII. Les véritables causes de l'oubli et de la négligence du salut.
  1° Le défaut de foi.
  2° Une mauvaise volonté.
  3° Une volonté faible.
  4° — inconstante.
VIII. Moyens de travailler efficacement à son salut.
  1° L'affermissement de la foi.
  2° Une volonté sincère.
  3° — forte.
  4° — constante.

Par le moyen de ce tableau (1), et avec les secours ordinaires, il est facile d'étudier à fond les différentes parties du sujet. Les *tableaux des lieux communs* sont pour les pensées ce que les cartes géographiques sont pour les lieux. Ils aident la mémoire, et l'attention, devenant plus forte parce qu'elle est moins distraite, parcourt plus aisément les différentes classes d'idées qui se trouvent dans le sujet. On pénètre alors bien plus avant dans la matière.

29. Si l'on devait traiter un sujet de circonstance tellement propre aux auditeurs qu'il ne convînt qu'à eux, on serait obligé, pour l'étu-

2ᵉ MOYEN D'INVENTION. — La lecture des auteurs.

---

(1) On voit que plusieurs des articles qu'il contient rentrent les uns dans les autres. Ce plan est bon pour étudier, mais il ne pourrait servir pour un discours qu'en le modifiant. Il y a des subdivisions qu'il ne faut qu'énoncer, et d'autres qu'il faut mettre avec celles qui sont parallèles. Autrement on se répèterait. On peut réduire ces différens articles aux suivans, auxquels il est facile de rapporter tous les développemens :

I. P. *Nécessité de travailler à son salut.*
   1ᵉʳ *motif*. Son importance.
   2ᵐᵉ *motif*. Vanité de tout ce qui lui est étranger.
II. P. *Comment il faut y travailler.*
   1° Avec une volonté sincère.
   2•   —   forte.
   3•   —   constante.

dier, de se contenter du seul moyen de la réflexion (1); mais la plupart des sujets, étant des sujets communs, ont déjà été traités avant nous par d'habiles maîtres. Il sera donc très à-propos de les consulter par *la lecture*, qui est le second moyen d'invention. Ils fourniront le fonds commun auquel il sera facile d'ajouter ce que demandent les besoins particuliers des auditeurs. Par la lecture on se rafraîchit la mémoire de ce qu'on sait, et on s'instruit au besoin de ce qu'on ignore; car, qui peut se flatter de tout savoir (2)? Quand même on n'apprendrait rien

---

(1) Il en serait de même si l'on se trouvait privé de livres et des autres ressources qui peuvent les suppléer.

(2) Toutes nos connaissances sont d'emprunt. Nous les avons par transmission. Nous n'apportons en naissant que les principes constitutifs de la raison humaine sur lesquels l'étude et la réflexion travaillent. Viennent ensuite les notions traditionnelles. Les sciences sacrées et profanes sont dans la société comme un dépôt qui se transmet de génération en génération. La méditation et le raisonnement en font l'application et l'usage selon les temps, les lieux et les circonstances. Une société permanente et infaillible garde le dépôt des vérités nécessaires et des principes de la morale, et l'interprète dans tous les cas de doute. Ce dépôt est stationnaire pour le fond, c'est-à-dire qu'il n'est pas susceptible de progrès, parce

pour le fond, on verra du moins pour la forme une variété qui pourra être d'un grand secours pour aider à trouver la meilleure manière de présenter son sujet et de disposer ses preuves pour la circonstance où l'on se trouve et pour le but qu'on veut atteindre (1). La lecture aidera

qu'il vient de la révélation, que les hommes n'ont pas à leurs ordres. Il en faut une nouvelle pour augmenter le dépôt déjà acquis; et ceci dépend de Dieu, qui parle quand il lui plaît. Pour les sciences profanes, il les abandonne aux disputes des hommes (Eccl., 3, 10). C'est un dépôt qui se transmet aussi. Il peut s'augmenter par l'étude et l'observation, mais aussi il peut diminuer et même se perdre, comme cela arrive dans les temps de barbarie où les peuples retombent dans l'ignorance. Sans la religion, qui est la mère et la conservatrice de toutes les vérités, ces temps d'ignorance et d'obscurcissement se seraient vus et se verraient plus souvent. C'est elle qui arrête les ténèbres et ramène la lumière des sciences humaines quand elle est sur le point de s'éteindre. Ceux qui l'accusent d'obscurantisme sont des ingrats et des ignorans. C'est à la religion que les sociétés modernes doivent tout ce qu'elles ont de vrai, de bon et d'utile dans les sciences, dans les arts, dans la politique. Il suffit de consulter l'histoire pour s'en assurer.

(1) Les formes du discours sont dans le rang des choses variables et susceptibles de progrès et de décadence, comme l'histoire de la prédication le prouve. Chaque auteur a une manière qui lui est propre, et il n'y a pas deux orateurs qui suivent absolument la même marche.

puissamment la réflexion, et à son tour la réflexion fera profiter de la lecture. Les auteurs sont les vrais lieux communs. « Une méditation vague, dit Besplas, n'enfante que des idées faibles, et tout le discours se ressent de ce premier jet; sollicitez donc votre esprit par la lecture, et pénétrez ensuite dans le secret de la composition. La lecture réveille les idées analogues qui sont en vous, et produit des conceptions pleines de vie. Rubens aimait à être attaché par une lecture, tandis qu'il composait ses tableaux, disant que les plus belles imaginations ont besoin d'être allumées. »

Il faut choisir les meilleurs.

30. Parmi les auteurs qui ont traité spécialement la matière qu'on veut traiter soi-même, il faut choisir ceux qui ont excellé. On y trouve tout ce qui est dans les autres, et les choses y sont mieux présentées. On y apprend, non-seulement ce qu'il faut dire, mais aussi les bonnes méthodes pour le dire. Ce serait perdre son temps que de s'arrêter aux médiocres. Allons puiser aux fleuves au lieu de nous amuser aux ruisseaux. *Les ouvrages des grands maîtres,* disait Longin, *sont autant de sources sacrées où s'allument les esprits les moins échauffés.*

31. Pour rendre la lecture des bons auteurs profitable, il faut lire *avec intention*. Expliquons-nous. On distingue dans les auteurs *le fond* et *la forme*. L'attention ne peut se porter sur ces deux choses à la fois sans se fatiguer et sans se distraire. Il faut donc faire une première lecture avec la seule intention de remarquer les choses; puis une seconde pour observer les formes (1). Ceci est plus important qu'on ne pense. On trouve le fond assez communément dans tous les auteurs, mais quelle différence pour les formes! « Il faut dire la vérité, dit Abelly; pour l'ordinaire on ne s'attache pas assez à considérer la manière des bons prédica-

Il faut les lire avec intention et comment.

---

(1) Parmi les auteurs, les uns sont bons à consulter pour le fond seulement, qu'ils fournissent abondamment, quoiqu'ils n'aient pas la forme oratoire; les autres, comme saint Jean-Chrysostôme (qu'on doit préférer parmi les saints Pères), peuvent être consultés pour l'un et pour l'autre. Outre ces deux vues générales, il y en a qui sont plus particulières et qui diffèrent selon les diverses parties du discours, ou le genre qu'on veut embrasser ou qui convient aux circonstances. Il faut donc choisir les auteurs qui sont les plus propres à nos vues. « Les uns, dit Gaichiès, réveillent l'imagination et la fertilisent, les autres élèvent l'esprit ou fortifient le raisonnement.

teurs, et on ne se donne pas la peine de se façonner sur leurs exemples. On ne cherche que des pensées, des passages, des applications, et ce qu'on appelle des choses, sans faire réflexion que ces choses ne sont belles que par le tour et par l'air que leur donne l'auteur. De sorte que, si l'on prend la substance de la chose, sans faire aucune réflexion sur cet air qui la fait valoir, on ne tient rien ; et c'est pour cela que des gens font de fort mauvais sermons avec de très-bonnes choses qu'ils ont dérobées dans les livres, parce qu'ils y ont laissé les nerfs et tout ce qui en faisait la force et l'agrément. Souvent même on tronçonnera une pensée, parce qu'il y en a une partie qui est déjà connue du prédicateur, et il ne

---

Il en est qui forment le goût et qui apprennent à peindre les mœurs. On trouve, dans les auteurs pathétiques, le secret de remuer. Mais les plus utiles sont ceux qui excitent le zèle et qui communiquent l'onction. » Choisissez donc ceux que l'expérience vous désignera comme les plus conformes à vos besoins et à votre génie ; et, quand vous voudrez composer, allez, pour ainsi dire, vous électriser à leur lecture. « Quand Bossuet devait composer un discours, dit Besplas, il lisait un chapitre d'Isaïe et un sermon de saint Grégoire de Nazianze. Son génie s'enflammait avec le premier ; son cœur puisait dans le second des sentimens pathétiques. »

prend que la moitié qu'il ne savait pas; ou bien, parce qu'il veut entasser beaucoup de matières, il est obligé de les diminuer. Cela a fort mauvaise grace, et c'est un hasard si les auditeurs y conçoivent quelque chose.

« Ce que l'on doit donc principalement étudier dans un sermon, ce n'est pas (seulement) la pensée en elle-même, ni de savoir qu'on l'a appliquée à tel sujet, qu'on s'est servi (par exemple) de la figure de la manne et de l'arche pour montrer la dignité de l'eucharistie ; mais c'est la manière d'y faire tomber ces pensées, les dispositions que l'on a apportées pour y préparer l'esprit, l'expression dont on s'est servi, la liaison que l'on fait de cela avec ce qui précède et ce qui suit, les transitions pour y entrer, pour en sortir et pour unir sa pensée avec le reste du sujet. C'est là ce que l'on appelle *l'artifice de l'orateur,* qui doit à la vérité être imperceptible pour être bon, mais qui doit être bien observé par ceux qui prétendent à cette qualité. C'est pourtant à quoi l'on ne pense guère, ou parce qu'on ne fait pas une étude suffisante de rhétorique, ou parce qu'on s'abandonne à cette avidité mal réglée et nuisible de mettre quantité de bonnes choses, qui cessent pourtant d'être bonnes dès qu'elles n'ont pas toute leur étendue, ou plutôt parce qu'étant mutilées, on ne les reconnaît point. »

Celui qui veut être éloquent doit donc, en lisant les auteurs, observer, non-seulement le fond des preuves, mais aussi leur ordonnance et la manière dont elles sont présentées ; car, comme nous l'avons dit, il ne suffit pas, pour être orateur, de dire la vérité simplement comme les théologiens et les scholastiques, il faut lui donner une forme capable de frapper et de toucher les auditeurs. C'est en observant la méthode de ceux qui ont réussi à produire cet effet qu'on viendra à bout de le produire soi-même.

3e MOYEN D'INVENTION. — L'écriture et la composition.

32. Après la méditation du sujet et la lecture des auteurs, le meilleur moyen d'invention est l'écriture et la composition. C'est en écrivant qu'on trouve ce à quoi l'on n'aurait pas pensé en se contentant de réfléchir et de lire. On connaît le proverbe trivial qui dit que *c'est en forgeant qu'on devient forgeron ;* ce proverbe peut être appliqué avec vérité à l'art d'écrire. On apprend à composer en composant. A mesure qu'on fixe ses pensées sur le papier, d'autres se présentent, et celles-ci en font éclore de nouvelles. Ce qui ne

vient point en réfléchissant vient en écrivant. On se met ordinairement trop tard à écrire.

33. La composition, dont il est ici question, n'est pas encore la rédaction du discours, dont nous parlerons en son lieu. Elle a pour but de rendre utiles la lecture et l'étude du sujet. Si, en lisant les auteurs, on se contentait d'observer et de réfléchir, on ne retirerait pas un grand profit de sa lecture. Tout serait bientôt évanoui. Il faut, à mesure qu'on pénètre dans sa matière, fixer ses idées en prenant des notes. Voici comment on procède. Lorsqu'on lit un auteur et qu'on remarque quelque chose, dans le fond ou dans la forme, qui peut convenir au but qu'on se propose, il faut le noter sur une feuille, en forme de tableau et par colonnes, pour mieux distinguer les matières. Il faut mettre en tête de chaque colonne un titre général, afin d'inscrire chaque idée en son rang avec les indications nécessaires pour retrouver et relire les passages notés. Cette méthode suffit pour les compositions peu étendues. S'il s'agissait d'un ouvrage ou de la composition de plusieurs discours sur une même matière, mais sous différens rapports, il faudrait prendre ses notes sur des cartes ou sur de petites feuilles détachées. En donnant,

Il faut, en étudiant son sujet, prendre des notes. — Manière de le faire.

par ce moyen, un corps mobile aux pensées, on en disposera ensuite, pour sa composition, comme un architecte dispose de ses matériaux pour la construction d'un édifice. On doit avoir soin de mettre en tête de chaque note le titre général de la classe à laquelle elle appartient, et sur la marge (ou entre deux parenthèses) le titre particulier qui la spécifie clairement. Si c'est un extrait à faire, on met les premiers et les derniers mots du passage; ensuite on indique l'auteur, le volume et la page avec une grande exactitude, pour pouvoir facilement les trouver au besoin. S'il s'agit d'un passage dont on ne doit prendre que la substance, ou s'il y a quelque changement ou addition à y faire, on ajoute une courte observation pour rappeler ce qu'on pourrait oublier. Ces notes sont d'un grand secours au moment de la composition définitive dont nous parlerons plus bas. C'est à l'aide de cette méthode qu'on vient à bout de mettre beaucoup d'ordre dans les compositions les plus étendues.

Pour bien faire le choix des choses à noter dans les auteurs, il faut un goût sûr et beaucoup de tact. Chacun est ici laissé à soi-même pour juger en arbitre de ce qui convient ou non.

Les livres tiennent à tous les lecteurs le même langage, mais tous les lecteurs ne s'y instruisent pas également. (IMIT.) Il y a tant de manières de voir et tant de goûts différens, qu'il est difficile qu'on se rencontre toujours au même point. Chacun a son don et les talens différant comme les visages. Il y a d'ailleurs en ceci quelque chose que l'art et les leçons ne peuvent donner. Nous nous contenterons donc d'observer en général que, pour bien faire ce choix, il faut en lisant ne pas perdre de vue le but qu'on se propose et qu'on doit se proposer, qui est la persuasion des auditeurs, leur conversion et leur salut. Si en lisant on a un autre but; si, par exemple, au lieu de chercher *le succès selon Dieu*, on cherche *le succès selon le monde*, on fera ses notes d'une manière bien différente. Il faut donc de la conscience et de la crainte de Dieu pour ne pas dévier en se laissant aller à la tentation de la vanité et aux impulsions de l'amour-propre. C'est *la pureté d'intention* qui doit ici servir de guide. Elle doit être en tout temps la boussole de l'orateur sacré.

34. Ce n'est pas assez de prendre des notes d'auteurs, il faut aussi en faire sur ses propres

On doit recueillir ses propres pensées.

pensées. Dans le temps que nous lisons ou dans d'autres momens, il se présente à notre esprit de bonnes réflexions qui ont rapport à notre sujet, ou de bonnes tournures qui y conviennent; il ne faut pas les laisser échapper, mais les recueillir, soit par note, si l'on prévoit que cela suffira pour nous rappeler les pensées ou les figures, soit en les écrivant entièrement dans un cahier, si cela est nécessaire (1). Il est d'heureux momens d'inspiration dont il faut savoir profiter avec d'autant plus de soin que ce qui vient alors est ordinairement ce qu'on a de meilleur dans ses compositions. Ne négligeons donc pas de prendre la plume quand notre esprit, étant échauffé et rempli, nous sollicite de le soulager par la rédaction.

Avis de saint François Xavier au P. Barzée sur l'importance de mettre ses pensées par écrit.

35. Voici ce que l'Apôtre des Indes et du Japon écrivait au P. Barzée sur le sujet qui nous occupe : « J'insiste, dit-il, sur un avis très-important ; c'est de mettre par écrit les

---

(1) Il est à propos d'écrire aussi les pensées étrangères au sujet quand elles sont notables et qu'on craint de les oublier. Ces pensées augmentent nos provisions intellectuelles et nous servent au besoin. (Voyez les avis que nous avons donnés à ce sujet, chapitre III, n° 58).

connaissances que Dieu vous donnera; car ce bon maître a coutume d'éclairer ceux qui recourent à lui, et qui cherchent avec soin à connaître ce qui lui est agréable. Rappelez-vous que ce que l'on confie au papier s'imprime plus avant dans l'esprit, parce que le soin de l'écrire et le temps qu'on y met concourent à le graver plus profondément dans la mémoire; d'ailleurs, il arrive d'ordinaire que le souvenir des idées mêmes qui nous ont le plus frappé s'altère et s'efface peu à peu; c'est pourquoi il importe, pendant que ces idées sont toutes fraîches dans notre esprit, de les écrire dans des cahiers où nous puissions les retrouver dans la suite, comme les gens du monde conservent dans leurs archives les titres dont ils peuvent avoir besoin. Le profit qu'on tire ensuite en relisant ces cahiers est semblable à celui des mineurs qui retrouvent une veine de métal qu'ils avaient perdue; car, en creusant plus profondément cette veine de métal, ils en tirent d'abondantes richesses. Je puis encore le comparer à celui des architectes qui, trouvant des fondemens solides déjà bâtis, s'en servent heureusement pour construire un bel édifice. C'est ainsi qu'a coutume d'agir à notre égard la sagesse de

Dieu qui se plaît à se communiquer de son propre mouvement et par sa seule miséricorde; car, lorsque nous sommes soigneux de recourir à elle et dociles à sa voix, elle aime à nous conduire de lumière en lumière; et, de même que la faible lueur du crépuscule est suivie d'une plus abondante lumière qui va toujours en croissant jusqu'à ce que le soleil ait atteint l'éclat brillant de son midi, de même la sagesse de Dieu favorise de lumières toujours plus vives ceux qui sont soigneux de bien profiter des premières lumières qu'elle leur accorde: et cette faveur est spécialement accordée à ceux qui, par une méditation profonde, s'appliquent à pénétrer dans l'abîme de leur bassesse, de leur misère et de leur néant. »

Du cahier courant de composition. — Comment il faut le disposer.

36. Outre les recueils dont nous avons parlé à la fin du chapitre III, on doit avoir un *cahier courant de composition* pour les choses dont on s'occupe actuellement. C'est là qu'en lisant les auteurs et en méditant son sujet on écrit les observations et les pensées qui sont trop étendues pour être mises sur une carte ou sur une feuille. Souvent ce que dit un auteur est bon, mais incomplet, ou bien il s'est mal exprimé. Alors une simple note ne suffit pas pour l'ad-

dition à faire. C'est dans cette occasion qu'on se sert du cahier pour écrire tout au long et développer ce que l'auteur n'a pas dit, et l'exprimer soi-même comme on sent qu'il doit l'être pour faire plus d'impression. Il arrive aussi que les pensées de l'auteur font éclore les nôtres et nous en suggèrent de nouvelles qu'il est bon de recueillir; c'est encore dans ce cahier qu'on les rédige comme nous l'avons dit. Une brève inscription sur des feuilles, ou une courte observation à la fin des notes d'auteur, aurait dans ce cas l'inconvénient de faire oublier bien des choses, ou du moins on ne se rappellerait les pensées que confusément. Il est donc à propos d'écrire sur-le-champ ses réflexions pendant que l'impression est encore fraîche et qu'on est en veine. Si l'on donne à l'imagination le temps de se refroidir, on ne retrouvera peut-être plus un moment si favorable. Il ne faut se contenter de mettre des observations à la fin des notes que pour les choses qui sont peu importantes ou dont le simple souvenir suffira pour le dessein qu'on a.

Le cahier dont nous parlons n'est pas celui où sera rédigé le discours ou l'ouvrage. Il n'a pour but que de servir à décharger notre esprit de ses pensées pendant l'étude du sujet. Ce cahier doit être fait avec ordre, c'est-à-dire qu'il faut numéroter chaque article et mettre des titres sur les marges. Les renvois aux auteurs doivent être faits, comme ceux des notes, avec la plus grande exactitude.

Des secondes notes.

37. Quand l'étude du sujet sera terminée, on inscrira chaque article du cahier par son titre et son n°, soit sur une feuille en forme de tableau, si la composition est courte, soit sur des cartes ou des billets si la composition est étendue. Dans ce dernier cas on mettra le titre général et le titre particulier de l'article. Lorsque toutes les inscriptions seront faites, on joindra ces *secondes notes* aux premières et on rangera les billets selon leurs titres, faisant de chaque matière spéciale autant de petits paquets qu'on liera ensemble pour les disposer ensuite selon son plan, de la même manière qu'on dispose les cartes qui contiennent les titres des livres d'une bibliothèque pour en former le catalogue.

Observation sur les détails précédens.

38. Ceux qui traiteraient de minuties tous ces détails ignorent sans doute que, dans tous les arts, ce sont les détails sur les procédés qui sont les notions les plus utiles. C'est là où se trouvent ordinairement ce qu'on appelle *les se-*

crets des métiers, et ce que les ouvriers jaloux cachent le plus à ceux qu'ils craignent d'avoir pour rivaux. Comme la partie que nous traitons est celle qui embarrasse ordinairement le plus, on ne saurait trop développer ce qui s'y rapporte. Nous continuerons donc jusqu'au bout l'exposition d'une méthode que nous croyons bonne, et nous ne manquerons pas, toutes les fois que l'occasion se présentera, de donner tous les détails que nous jugerons utiles à ceux qui commencent.

39. On peut, pour l'invention, s'aider d'un quatrième moyen qui est *l'imitation des maîtres* (1). Elle forme mieux que tous les préceptes. Elle échauffe l'imagination, inspire le goût, étend le génie et perfectionne les talens. On peut dire que c'est dans l'art de l'imitation que se trouvent tous les secrets de la composition oratoire. C'est du moins par elle qu'on apprend à mettre en pratique les règles du bon

4e MOYEN D'INVENTION. — L'imitation.

---

(1) On entend par *l'imitation*, comme nous le dirons plus bas, l'emprunt des pensées, des images, des sentimens, des tournures et des méthodes de quelque auteur, et dont on fait un usage, soit différent, soit approchant. On peut non-seulement égaler l'original, mais même quelquefois le surpasser.

goût et qu'on réussit à développer et à perfectionner ses dispositions naturelles en profitant habilement du travail, des lumières, de l'expérience et du succès des autres.

Elle est permise et légitime.

40. « Rien n'est plus permis, dit Laveaux, que d'user des ouvrages qui sont entre les mains de tout le monde. C'est dans les bons écrits qu'il faut prendre l'abondance et la richesse des termes, la variété des figures et la manière de composer. Ensuite on doit s'attacher fortement à imiter les perfections que l'on y voit; car on ne doit pas douter qu'une bonne partie de l'art ne consiste dans l'imitation adroitement déguisée. Virgile imite tantôt Homère, tantôt Théocrite, tantôt Hésiode et tantôt les poètes de son temps; et c'est pour avoir eu tant de modèles qu'il est devenu un modèle admirable à son tour. » Cicéron a marché sur les traces de Démosthènes, Horace sur celles de Pindare et d'Anacréon; Boileau a imité le satyrique latin; Sophocle et Euripide ont enfanté Corneille et Racine; c'est aux caractères de Théophraste que nous devons ceux de La Bruyère.

Peu d'auteurs n'ont pas imité.

41. De tous les grands écrivains que nous connaissons, on peut douter qu'il en soit un seul qui

ne doive qu'à lui-même tout ce qu'il a produit (1). Ils avaient devant les yeux des modèles dont ils ont profité, sans cesser pour cela d'être originaux. En empruntant les pensées, ils les ont transformées en leur propre substance, comme l'abeille, qui, recueillant le suc des fleurs, en compose un miel qui lui appartient. Molière a imité Plaute; La Fontaine a pris pour modèle Ésope et Phèdre; et cependant qui oserait refuser à ces deux grands écrivains le génie et l'originalité? Si l'invention est le caractère distinctif du génie, ce n'est pas à dire pour cela qu'il ne se

---

(1) Il est assez probable qu'Homère avait eu des devanciers qui lui avaient frayé la route. En remontant à l'origine des choses, on trouverait dans la révélation primitive le premier type du génie en tout genre. Ainsi, Dieu lui-même serait la première source de tout ce qu'il y a de vraiment beau parmi les hommes. Imiter c'est donc puiser au trésor commun. C'est plutôt une propagation de la lumière qu'une imitation. Les hommes ont pu mêler leurs erreurs à la vérité et défigurer la beauté originale par faiblesse ou par abus; mais à travers les ténèbres et les ombres on distingue encore la beauté toujours ancienne et toujours nouvelle. Le livre par excellence est le seul qui nous soit parvenu éclatant de lumière et pur de toute tache. Il sera toujours, selon sa destination, une source de vérité et un modèle parfait pour tous les âges.

fasse sentir jusque dans l'expression et le style. Selon La Bruyère, c'est la manière de rendre les pensées, plus encore que les pensées elles-mêmes, qui sépare les grands écrivains des auteurs médiocres. Il n'y a peut-être pas une seule pensée de Pascal qui ne se trouve dans les œuvres d'Arnaud et de Nicole; mais leur style diffère essentiellement, et l'on accorde au premier le génie, que l'on refuse aux autres. On ne peut lire les ouvrages consacrés par une admiration universelle, sans reconnaître qu'une grande partie du charme qu'on y trouve tient aux images, aux comparaisons, et à certaines expressions vives, lumineuses et originales, qui mettent la pensée en relief et semblent d'heureuses créations (M. Pérennès.)

« Ne craignez pas d'imiter, dit Besplas; quand le vrai talent préside à l'imitation, c'est une création nouvelle. Toutes les pierres d'un édifice ne sortent pas du sein de la terre; on en taille au milieu des ruines qui présentent un aspect très-majestueux. Trop molles quelquefois, en sortant de la carrière, elles reçoivent du temps une dureté qui les rend plus précieuses. Il en est de même des premiers élémens de la composition. Telles images ont dans leur nouveauté une rudesse qu'elles perdent par l'usage. Sauvages sous le pinceau du génie créateur, elles offrent des couleurs plus douces sous celui d'un esprit plus flexible et plus délicat. »

Le P. de Ligny disait souvent à M. de Boulogne qu'il ne fallait faire aucune difficulté de se servir de ce qu'on trouvait de plus beau dans les grands orateurs : la vérité, ajoutait-il, appartient à tout le monde, et le secret est de savoir se l'approprier. Persuadé de cette vérité, M. de Boulogne s'éleva avec force contre les nouveaux philosophes du 18e siècle, qui prétendaient émanciper le talent en l'affranchissant des règles ordinaires et en proscrivant l'imitation comme une servitude pour le génie. On a vu, chapitre I, nos 40 et 41, ce qu'il dit de leurs efforts et de leurs funestes suites, et comment il justifie l'imitation. Ce que dit M. de Boulogne sur cette époque de la littérature peut s'appliquer à notre temps. Les romantiques blâment aussi l'imitation, et sous les mêmes prétextes. Ce blâme est d'autant plus ridicule de leur part que, selon que nous l'avons observé, ils sont eux-mêmes des imitateurs comme nos auteurs classiques, avec cette différence que ceux-ci ont choisi de bons modèles, tandis que les premiers en ont préféré de mauvais. (Voyez ce que nous avons exposé sur cet article, chap. I, n° 47).

<small>Il faut bien choisir les modèles qu'on veut imiter.</small>

42. Le choix des modèles est d'autant plus important qu'il peut avoir des conséquences bien différentes, selon qu'il est fait avec ou sans jugement. Pour ne pas se tromper, les jeunes gens qui se destinent à la chaire doivent prendre conseil, non auprès des laïques ou des prêtres qui aiment et prônent le genre nouveau, mais auprès des anciens du sanctuaire qui ont conservé les bonnes traditions et le feu sacré du bon goût (1).

<small>Préférer les plus parfaits.</small>

43. « On ne saurait choisir des modèles trop purs et trop parfaits, dit d'Aguesseau, quand on veut arriver soi-même à la perfection. On doit y tendre quand même on n'aurait en vue que des succès ordinaires. L'expérience prouve qu'on demeure presque toujours en deçà du

---

(1) « Celui qui n'a égard en écrivant qu'au goût de son siècle, dit La Bruyère, songe plus à sa personne qu'à ses écrits. Il faut toujours tendre à la perfection; et alors cette justice qui nous est quelquefois refusée par nos contemporains, la postérité sait nous la rendre. » Elle nous est rendue dès maintenant par les vrais connaisseurs. Il y en a, et il y en a eu dans tous les temps. Leur suffrage vaut mieux que celui de la foule qui suit la mode.

but qu'on se propose, si on ne fait des efforts pour atteindre au-delà. Telle est la faiblesse humaine. Nos plus belles théories sont toujours plus ou moins défectueuses dans la pratique, et nos résolutions les plus généreuses manquent rarement de tromper nos vœux en nous laissant dans l'exécution fort au-dessous de nos expériences. Allez donc d'un pas ferme sur les traces des écrivains et des orateurs les plus parfaits, sans jamais permettre que vous soyez vaincu par le désespoir de les égaler. (GIRARD.)

Il faut donc choisir les modèles qui excellent en chaque genre et s'efforcer de les imiter. Ce sont des guides habiles toujours prêts à nous conduire. La grande distance que nous voyons entre eux et nous ne doit pas nous effrayer. La carrière dans laquelle ils ont couru si glorieusement est encore ouverte, nous pouvons les atteindre en les prenant pour modèles et pour rivaux dans nos imitations. Si nous ne les atteignons pas, du moins nous pouvons en approcher; et, après ces grands hommes, il est encore des places honorables. (ENCYCLOPÉDIE.)

44. Il y a dans le choix des modèles deux excès à éviter. Le premier est de se passionner exclusivement pour un auteur. « C'est un

Excès à éviter dans le choix des modèles.

manque de jugement, dit l'abbé Girard, qui n'est pas rare, surtout dans les jeunes gens, sujets à se prévenir pour un auteur qui leur a plu quelquefois par ses défauts mêmes. Cette prévention a presque toujours des suites fâcheuses. On ferme les yeux sur les vices de ceux qu'on admire; on va même jusqu'à les prendre pour des vertus, et on les imite. Imitation funeste, seule capable de corrompre le goût, et qui, au jugement de Quintilien, perdait la jeunesse de son temps, égarée sur les pas de Sénèque, dont elle avait eu le malheur de faire son idole (1). La raison veut qu'on recherche indis-

---

(1) C'est une folie de s'attacher si aveuglément à un auteur, qu'on en étudie jusqu'aux défauts et qu'on en préconise toutes les imperfections. On en a vu se forcer pour parler avec précipitation, quoiqu'ils eussent de très-bonnes dispositions pour prononcer avec majesté; affecter toujours un même ton, quoiqu'ils eussent la voix fort flexible; s'abstenir de tout pathétique, quoique leur génie y fût très-porté, uniquement à cause qu'un prédicateur fort estimé (BOURDALOUE) a toutes ces manières, et que tout le monde admire cette rapidité, cette égalité de voix, et ce raisonnement continuel, qui n'est point interrompu par des affections tendres, comme si c'était volontairement que ce grand homme n'a pas toutes les perfections imaginables, ou comme si ce qui est véritablement défaut devenait une vertu par la société de plusieurs belles qualités.

tinctement tous les bons modèles, et qu'on s'approprie avec intelligence et avec goût ce qu'ils ont de plus parfait. L'abeille ne s'attache pas à une seule fleur, mais elle compose son miel de toutes celles dont le parfum est le plus agréable et le plus exquis. »

Le second excès est de trop multiplier ses modèles. Il faut savoir se borner à un petit nombre bien choisis parmi les meilleurs. C'est le moyen de se les rendre plus utiles. Il serait très-à-propos de faire des extraits de ce qu'il y a de

---

Ce qui fait bien du tort à ceux qui veulent imiter, c'est qu'ils entendent louer les grands prédicateurs, et que leurs partisans, ou ceux qui se piquent de bien juger, les élèvent jusqu'au souverain degré de l'éloquence, quoiqu'en effet ils aient toujours quelque défaut mêlé, et celui qui ne discerne pas le bon d'avec le mauvais imitera bien plutôt le mauvais qui frappe les yeux, que le bon, qui n'est pas si sensible. Un homme admirable dans son expression sera sujet à de faux raisonnemens, on ne songera pas à l'expression et on raisonnera comme lui. Un autre aura une belle inflexion de voix, et un méchant geste; si l'on ne sait discerner, on prendra le geste désagréable, sans pouvoir obtenir la voix. C'est en cela qu'un judicieux discernement est d'un grand secours. (ABELLY.)

« Souvent on imite, dit Gaichiès, ce qu'il faudrait éviter. Le faux, l'irrégulier est ce qui frappe davantage. Le peintre attrape plus aisément les défauts d'un visage que la juste proportion des traits. »

mieux dans les grands maîtres et dans les bons auteurs du second ordre pour son usage. Nous avons à la vérité des recueils de ce genre, mais ils ne sont pas faits spécialement pour les jeunes clercs. C'est ce qui nous a fait concevoir le projet d'en donner un en deux volumes in-8° pour faire suite au présent ouvrage, sous ce titre : *Morceaux choisis sur les différentes parties de l'éloquence de la chaire, pour former le goût de ceux qui se destinent au ministère de la parole.* Nous le ferons paraître en même-temps que le *Répertoire des Prédicateurs*. (V. le dernier n° du III° chapitre.

<small>Choisir de préférence ceux qui sont plus analogues à notre génie et à notre talent. — Sentiment d'Abelly.</small>

45. Un avis essentiel à donner sur le choix des modèles, est celui de préférer parmi les bons auteurs ceux qui sont plus analogues à notre genre et à notre talent. On pourra ainsi perfectionner ce qu'on a reçu de la nature, qu'il ne faut jamais forcer, si l'on a envie de réussir. « Il arrive souvent, dit Abelly, que par ce dérèglement d'esprit qui fait que l'on estime tout ce qu'on n'a pas, et que l'on méprise ce qu'on a, on regarde avec admiration et on recherche avec empressement des talens pour lesquels on n'a aucune disposition. Un homme capable de profonds raisonnemens ne voudra lire et en-

tendre que des sermons fleuris et délicats, et quittera la force et la solidité de ses raisons. Un esprit vif se fera violence pour dogmatiser, et mettra toute la perfection dans une gravité affectée. Celui qui a grande facilité pour parler naturellement bien, s'attachera à étudier des mots nouveaux, et détruira son talent par la gêne qu'il voudra donner à sa mémoire. Ainsi toutes les études des uns et des autres deviennent inutiles, et fort souvent préjudiciables.

« Il faut se proposer des modèles qui puissent perfectionner notre talent, sans rechercher ceux qui ne nous conviennent pas. On en voit quelquefois à qui l'on pourrait fort justement appliquer la fable du Corbeau, lequel, flatté de l'espérance de devenir un oiseau accompli, s'il pouvait un peu chanter, laissa tomber ce qu'il tenait dans son bec, et qui était fort à son usage, pour essayer d'avoir une perfection imaginaire. Le grand secret est de se connaître soi-même et de bien cultiver ses propres dispositions, sans mépriser les talens d'autrui, qui ne sont pour nous que des ornemens étrangers, auxquels il ne faut pas s'attacher uniquement.

« C'est bien fait de vouloir imiter ce que les autres ont de bon; mais il ne faut pas s'aveugler jusqu'à renoncer à tout ce que l'on peut avoir de raisonnable en soi-même. On a vu des gens naturellement modérés, et qui pouvaient exceller dans une éloquence paisible et coulante, n'aimer à entendre que les prédicateurs fervens et n'estimer que les emportemens du zèle, où ils ne réussissaient point du tout. Tant il est vrai que souvent on fait mal en voulant imiter ceux qui font bien, et qu'il vaut mieux demeurer un original de médiocre bonté, qu'une méchante copie du meilleur original du monde. »

Sentiment du P. Aquaviva. 46. Le P. Aquaviva compte l'imitation servile des grands prédicateurs parmi les obstacles qui empêchent d'atteindre le but de la prédication. « Ce qui convient à un prédicateur, dit-il, ne convient souvent pas à un autre, à cause de la différence d'âge, de tempérament, d'esprit; ce qui fait dire à saint Augustin, qu'il n'y a de véritable éloquence que celle qui convient à la personne qui parle. Il ne suffit donc pas qu'on voie dans un prédicateur quelque chose de bon pour entreprendre de l'imiter, mais il faut encore que ce soit une chose conforme à nos qualités naturelles; sans cela on ne fera (comme on l'a déjà observé) qu'une copie défigurée d'un beau modèle. Il faut adapter, et notre style, et notre geste, et notre ton de voix aux qualités que nous avons reçues de la nature ; en un mot, il faut que chacun tire de ce que la nature lui a donné le meilleur parti possible, et qu'il ne cherche pas à marcher par une autre route, dans laquelle, n'ayant pas les dispositions naturelles qui y sont requises, il ne pourrait manquer de faire de faux pas. »

47. « Le soin principal d'un prédicateur qui veut se rendre habile, dit l'abbé du Jarry, doit être de se faire un caractère qui convienne à son naturel ; de traiter, autant qu'il peut, les sujets où son penchant le porte, et de se perfectionner selon le talent qu'il a reçu : c'est une règle que la nature nous enseigne toute seule. Mais, comme on veut toujours imiter les prédicateurs excellens et qui sont dans la plus haute réputation, il arrive souvent que l'on sort de son caractère pour en prendre un autre qui ne convient pas ; et ce mélange d'imitation et de naturel gâte beaucoup de talens qui seraient bons d'eux-mêmes. On ne songe pas que les grands hommes ne se sont élevés au degré de perfection où ils sont parvenus qu'en suivant leur génie ; que, si on les examine avec soin, on verra

Sentiment de l'abbé du Jarry.

même que leur tempérament a beaucoup de part à leur éloquence; que celui-là ne doit cette réputation, si bien acquise, qu'à une certaine pénétration qui flatte la malignité naturelle de l'homme en la corrigeant; que je ne sais quelle majesté triste, qui paraît dans le style de celui-ci, semble retracer dans les esprits une image de ces pompes funèbres, dont l'église se sert pour honorer la mémoire de ces illustres morts qu'il a loués d'une manière si grande et si chrétienne, et que des caractères si singuliers sont tout-à-fait inimitables.

« Aussi crois-je que ce n'est pas une chose si utile que l'on pense, à ceux qui veulent se former à la prédication, que d'entendre souvent les prédicateurs les plus estimés, parce qu'on les copie ensuite sans qu'on y pense, et souvent même sans qu'on le veuille. Comme on ne peut leur ressembler dans ce qu'ils ont d'admirable, on les imite ordinairement en certains défauts que l'on n'aime dans un grand homme qu'à cause des rares qualités qui les accompagnent; un esprit médiocre se rend souvent ridicule en voulant suivre un génie sublime, parce que la corruption de ce qui est excellent est toujours ce qu'il y a de plus mauvais.

« Il est impossible qu'un auditeur soit touché d'un discours où il s'aperçoit qu'un prédicateur en a voulu imiter un autre ; et cette affectation n'est pas moins indigne de la parole de Dieu, que de celui qui l'annonce. C'est ce qui me fait croire que, lorsqu'il paraît un nouveau prédicateur en qui on trouve du rapport avec quelque grand homme connu, ce n'est pas qu'il imite, comme on le dit dans le monde, mais plutôt qu'il y a quelque conformité naturelle entre le génie de l'un et de l'autre ; ce qui n'empêche pas qu'en les examinant avec soin, l'on ne remarque dans chacun d'eux un caractère particulier qui les distingue, et dans lequel on doit se perfectionner beaucoup plus par ses propres réflexions, que par celles des autres, car je suis persuadé qu'il est presque aussi inutile de consulter les grands prédicateurs, que de les entendre pour le devenir. Chacun se doit faire soi-même des règles propres à son génie. Le talent que Dieu nous donne porte avec lui les lumières nécessaires pour le cultiver. On doit considérer son emploi, son âge, sa réputation, son rang, son extérieur, sa voix, le siècle, les lieux, les personnes, les temps, les occasions, et, comme toutes ces choses changent ordinairement selon les prédicateurs, il n'y a qu'eux-mêmes qui puissent se prescrire les règles qui leur sont propres. »

Comment il faut discerner ce qui est à imiter dans les auteurs.

48. Les bons modèles qu'on veut imiter étant bien déterminés, il s'agit de savoir en quoi et comment on doit les imiter. « Tout n'est pas également bon dans les meilleurs auteurs. Le mélange de leurs défauts, dit l'abbé Girard, quelque légers qu'ils soient, rend souvent leurs vertus dangereuses. Le faux frappe quelquefois plus que le vrai. Il y a des irrégularités séduisantes, et elles sont plus faciles à saisir que les justes proportions. D'ailleurs tout ce qui est bon ne convient pas à toutes sortes de sujets. La moindre circonstance peut changer notablement les choses ; la justesse et la vérité disparaissent, et ce qu'il y a de meilleur devient froid, ridicule ou puéril. Le plus beau trait, s'il est déplacé, défigure le plus beau visage. » Il faut donc discerner soigneusement dans les auteurs les choses qui sont à imiter, et la manière d'en faire usage à propos.

Fausses manières de les juger.

49. « Il me semble, dit Abelly, que les jeunes prédicateurs sont sujets à trois fautes : la première, c'est qu'ils jugent mal des pièces, ils admirent ce qui ne vaut rien, et ils méprisent

ce qui est bon ; d'où il s'ensuit qu'ils choisissent mal ce qu'ils doivent suivre et imiter ; enfin ils appliquent mal ce qu'ils ont trouvé de meilleur dans les plus parfaits originaux. On se fait une fausse idée de la bonté d'un sermon, et tous ceux qui ont d'autres qualités que celles qu'on aime, seront censés mauvais. Les uns n'estiment que le raisonnement, et, à moins qu'ils ne voient les argumens rangés, comme on voit des canons sur une batterie, ils regardent tout le reste comme rien. Les autres ne songent qu'à l'élocution, aux belles expressions et aux antithèses ; tout le reste leur paraît inutile. D'autres ne recherchent que les passages, et toute autre chose passe chez eux pour une faiblesse. La plupart s'attachent aux belles applications de l'Écriture, et n'ont pas d'œil pour voir toute autre beauté. Il y a même des prédicateurs étymologistes qui n'admirent que la variété des versions, et les explications des rabbins. Là-dessus ils prononcent qu'un sermon est beau ou bon, selon qu'ils ont plus ou moins rencontré de ce qui flatte leur imagination, de même à-peu-près que, lorsque plusieurs gens de différens métiers entrent dans une belle église, un architecte ne considère que la structure, un charpentier ne regarde que le bois, un vitrier jette les yeux aux fenêtres, un sculpteur ne cherche que les figures, et celui qui n'y trouve pas beaucoup d'ouvrages de son métier juge que cette église n'est pas belle, et il ne lui donne aucune louange; c'est ce que j'ai vu très-souvent. Des jeunes gens prononcent hardiment : *Il n'y a rien dans ce sermon-là,* parce qu'ils n'y ont pas trouvé les bagatelles qu'ils cherchaient, et qu'ils n'en ont pas reconnu les véritables beautés. Chacune de ces choses est belle et bonne en soi, mais elle n'exclut pas la perfection des autres. Il faut avoir l'esprit assez ample pour bien juger de toutes.

Il ne faut pas toujours juger des choses par autrui.

50. Il faut que j'encourage ici, ajoute Abelly, certains esprits timides, qui n'oseraient porter un jugement d'eux-mêmes, et qui ne parlent et ne pensent que par rapport à quelques personnes habiles, à qui ils ont entendu louer ou blâmer certaines choses. Il ne faut pas toujours se conduire par la tête d'autrui, lorsqu'on est capable de se conduire soi-même, ni s'arrêter à des règles métaphysiques, lorsque la sensation est suffisante. Je crois que, dans les choses nécessaires à tout le monde, chacun peut dire ce qui est bon, quoiqu'il n'en puisse pas don-

ner la raison, ni prescrire la manière de le faire meilleur. Tout homme peut dire : *Voilà de bon pain,* sans avoir aucune teinture de l'art qui le fait, et sans qu'on puisse dire par quel artifice on a pu le rendre bon. Jamais on n'a pensé à réserver ce jugement aux seuls maîtres, ou à ceux qui en sauraient le métier, parce que le pain est pour l'usage de tout le monde. Ainsi pour la parole de Dieu, qui est un pain spirituel, quoiqu'il y ait une science de la débiter, laquelle n'appartient qu'aux seuls savans, il y a pourtant encore une certaine utilité publique, qui est relative à ceux qui en tirent du profit, et qui donne droit à chaque particulier de dire ce qu'il en ressent. Les doctes peuvent bien juger si le discours est selon les règles, mais le peuple peut déclarer s'il le touche; et s'il fallait fixer mon choix entre ces deux jugemens, je dirais avec tout le respect qui est dû aux savans, que le zèle des ames me ferait préférer le sentiment de la multitude qui dirait : *Voilà un bon sermon, on ne peut résister à ces vérités,* quoiqu'on ne puisse rendre raison en quoi cette pièce peut être bonne, à toute l'approbation de quelques gens d'esprit, qui auront reconnu toute l'économie des règles dans un discours, où les fidèles n'auront rien trouvé pour leur édification.

Marque à laquelle on reconnaît un bon prédicateur.

51. « Il faut donner beaucoup à l'expérience de ceux pour qui l'on travaille. Lorsque je vois un habile prédicateur se contenter d'un petit auditoire, pourvu qu'il soit bien choisi, déclamer contre les absens qui cherchent ailleurs à se convertir, écouter avec joie ce qu'on lui dit, qu'il vaut mieux plaire à ce peu de gens habiles et éclairés, que d'avoir une foule d'ignorans; il me semble que je vois un médecin qui s'opiniâtre à faire mourir le monde dans les formes, plutôt que de donner le moindre adoucissement à toute la sévérité de l'aphorisme. Il faut tenir pour certain que tout prédicateur qui est suivi et goûté du peuple, est un bon prédicateur, et que si quelqu'un dit que ses pièces ne valent rien, c'est qu'il n'en connaît pas toute la bonté; car puisqu'il a la fin de la prédication (qui est la conversion des ames), il faut nécessairement que ses moyens soient bons (1).

---

(1) On connaît l'arbre par ses fruits. Tout sermon qui produit le changement des mœurs et qui ramène les ames à Dieu, a nécessairement ce qui est essentiel à la persuasion, et c'est là le principal. Il peut pécher par l'élocution et par certaines règles de la rhétorique qui n'y sont peut-être pas observées; mais,

52. « Ce qui est encore fort souvent la cause de ces faux jugemens, c'est qu'on établit un certain prédicateur qui a vogue (1) parmi les gens d'esprit, pour un modèle de la prédication, et qu'on méprise hautement tout ce qui n'est pas dans ce genre. Il y a en cela de l'injustice, et un entier oubli de la véritable éloquence; car il y a plusieurs beaux caractères fort différens, qui tendent tous à persuader, et qui y arrivent par des chemins divers. »

Différens genres de prédications peuvent être bons et louables.

53. Il ne faut pas juger d'un ouvrage par un morceau détaché qui nous aura frappé, mais

Il faut juger d'un ouvrage par son ensemble, et non par des morceaux détachés.

malgré ces défauts accessoires, il est bon, puisqu'il atteint son but capital. La simple vogue même parmi le peuple est une marque équivoque; mais quand il y a un changement évident dans la conduite, et qu'on voit des fruits de salut, c'est-à-dire des retours à la pratique des devoirs de la religion, des réconciliations, des restitutions, des cessations de scandales et de mauvaises habitudes, et autres effets semblables, le jugement qu'on a porté sur la bonté du sermon est infaillible, malgré les défauts et les imperfections qu'il peut avoir dans certaines parties.

(1) Il n'est pas question ici de la vogue qui est fondée sur un goût dépravé et sur un mauvais genre que l'amour de la nouveauté favorise. Ce qui blesse les règles de la véritable éloquence est blâmé avec raison, malgré la vogue qu'il peut avoir parmi un certain monde.

partout son ensemble. Il y a des critiques qu'une aveugle sensibilité égare. Ils sentent vivement les beautés de détail : un beau mouvement, un trait heureux, un caractère bien tracé, les remplissent d'enthousiasme. Mais ils sont inhabiles à apprécier l'observation des convenances et à juger l'ensemble de l'ouvrage. Ces juges passionnés, séduits par quelques passages qui les ont vivement remués, vouent une aveugle admiration à l'ouvrage entier, et se font souvent les panégyristes des plus mauvaises productions. C'est ici un travers assez commun de nos jours. (M. Pérennès.) Cicéron traite de folie également condamnable ceux qui rejettent entièrement tout ce que fait un homme en qui l'on remarque quelque défaut. Un passage aura déplu, c'en est assez pour juger que la pièce ne vaut rien, et pour la décrier quand même elle serait bonne à la prendre dans son ensemble. Juger ainsi, c'est juger avec passion, ou faire voir qu'on a la vue intellectuelle trop courte pour pouvoir considérer un ouvrage dans son tout. Dans l'un et l'autre cas on n'est pas bon connaisseur.

Comment il faut imiter les auteurs.   54. L'imitation des auteurs se fait de plusieurs manières. Tantôt on prend une belle forme pour l'appliquer à un autre fond, mais qui est analogue à celui du modèle; tantôt on prend le fond pour lui donner une nouvelle forme, ou une forme meilleure. Ce talent vaut celui de l'invention. « Toute conception intellectuelle ou morale, dit Maury, appartient de plein droit à l'écrivain qui réussit le mieux à l'exprimer. Tel est le droit consacré par l'intérêt public, qui ne veut rien perdre des beautés que peut ajouter le goût à la clarté, à l'élégance, à la pureté, à la précision, à l'énergie, à la propriété, à l'éclat et à l'harmonie du style. On est donc convenu, comme d'un axiome de jurisprudence littéraire, qu'il est permis de voler à un auteur toute idée mal écrite, *pourvu qu'on le tue aussitôt*, a-t-on très-bien dit, *au jugement du goût*, en rendant la pensée dont on s'empare beaucoup plus riche et plus frappante que n'avait fait l'inventeur. »

55. L'imitation, comme nous l'avons déjà observé, doit être libre, c'est-à-dire qu'en imitant les auteurs, il faut conserver son génie et son caractère particulier. Nous insistons sur cet avis, parce qu'on ne l'oublie que trop souvent. Répétons-le avec Gaichiès : « L'imitation « est souvent dangereuse ; on perd ce qu'on a « de génie en voulant prendre celui d'un autre.

L'imitation doit être libre.

« Il faut étudier son talent, le bien connaître
« et le suivre. » Tout l'art de l'imitation consiste à faire plier le génie des bons auteurs au nôtre, sans que jamais le nôtre plie au leur. Il faut transformer en sa propre substance les choses qu'on emprunte. Si les auteurs sont les inventeurs d'un bon fond qu'ils ont mal exprimé, ou dont l'expression est déjà vieille, il faut l'exprimer mieux qu'eux et rajeunir leur forme. S'ils ont trouvé une forme énergique, frappante pour un fond qui est commun et ordinaire, il faut s'en emparer et l'appliquer à une autre matière dans un même genre. C'est là tout le secret de l'imitation.

Comment les modernes ont imité les anciens.

56. Il est facile de remarquer dans les auteurs modernes la pratique de ces principes dans l'imitation qu'ils ont faite des anciens. Malherbe, par exemple, montre comment on peut enrichir la pensée d'un autre, par l'image sous laquelle il représente ce vers si connu d'Horace :

*Pallida mors æquo pulsat pede pauperum tabernas
Regumque turres.*
Le pauvre en sa cabane, où le chaume le couvre,
Est sujet à ses lois ;
Et la garde qui veille aux barrières du Louvre
N'en défend pas nos rois.

Despréaux, qui disait en badinant qu'il n'était qu'un gueux revêtu des dépouilles d'Horace, s'est si fort enrichi de ses dépouilles, qu'il s'en est fait un trésor qui lui appartient justement; *en imitant toujours, il est toujours original.* Il n'a pas traduit le poète latin, mais il a joûté contre lui, parce que dans ce genre de combat on peut être vaincu sans honte. (Laveaux.)

Ce qu'on dit de Boileau peut s'appliquer à Racine, à Fénélon, à Molière, à La Fontaine. Ce dernier rend compte lui-même de sa manière d'emprunter :

> Mon imitation n'est pas un esclavage :
> Je ne prends que l'idée et les tours et les loix
> Que nos maîtres suivaient eux-mêmes autrefois;
> Si d'ailleurs quelqu'endroit plein chez eux d'excellence
> Peut entrer dans mes vers sans nulle violence,
> Je l'y transporte et veux qu'il n'ait rien d'affecté,
> Tâchant de rendre mien cet air d'antiquité.

Plein de ses modèles, s'identifiant avec eux, et se jouant, pour ainsi dire, avec leurs pensées, il les modifiait à son gré, ajoutant à leur naïveté, à leur grace, et souvent à leur dignité et à leur force, de manière que ce qu'il produisait de la sorte était à lui, sans cesser d'être à ses maîtres. Quoi de plus permis et de plus légitime que les emprunts qu'il a faits? C'est ainsi qu'ont procédé tous les grands écrivains de la même époque. Ils étaient bien éloignés de cette imitation servile, qui consiste à se traîner lourdement sur les pas de son modèle. (GIRARD.)

De l'imitation relativement aux ouvrages.

57. D'après ce que nous venons d'exposer, on voit que l'imitation est une invention continuelle. Elle a lieu non-seulement pour les formes particulières données aux pensées, mais aussi pour les formes des pièces et des ouvrages entiers et leur ensemble. Deux auteurs peuvent avoir le même fond et la même solidité, mais le dernier venu peut trouver une méthode beaucoup plus avantageuse que son devancier. Il peut faire un choix plus judicieux des matières, les coordonner mieux qu'on ne l'a fait, et suppléer ce qui manquait. Sous ce rapport il est inventeur, quoique le fond principal ait été trouvé par un autre (1). Il y a des ouvrages qui sont faits à l'imitation d'autres semblables qui ont paru précédemment. Le genre est le même, mais c'est un autre sujet. Il y a aussi

---

(1) Selon La Bruyère *le choix des pensées est invention*. On peut dire la même chose du choix de la méthode et de la disposition.

des ouvrages d'un genre auquel on applique heureusement la méthode qui a été suivie dans un autre genre. Ces imitations sont très-légitimes. C'est une sorte d'invention qui a son mérite. L'application pouvait n'être pas difficile à faire, mais personne n'y pensait, ou du moins personne ne l'entreprenait. C'est rendre service au public que de s'en occuper pour l'utilité commune.

58. L'imitation est d'un grand secours pour la composition ; mais il faut prendre garde d'en contracter tellement l'habitude qu'on ne puisse plus composer sans cela. « Il est certain, dit l'abbé Girard, qu'un trop fréquent usage de ce moyen d'invention nuit aux talens de l'imitateur. Son génie peut s'affaiblir et même s'éteindre, à mesure qu'il s'obstine à prendre celui d'un autre. Il s'accoutume à ne rien produire de son fond. Il perd insensiblement sa tournure originale. Il vit d'emprunt, à côté de ses propres richesses qui dépérissent. Il en vient à ne plus pouvoir marcher sans guide, et, quand les modèles lui manquent, il se trouve absolument sans ressources. » Il faut donc dans ses compositions se priver quelquefois du secours des modèles, et ne les consulter qu'après avoir tra-

Il ne faut pas toujours s'aider par l'imitation des auteurs.

vaillé pour mieux remarquer ses défauts, et se bien garder de corriger ce qu'on a de bon, parce qu'on trouverait qu'il n'est pas conforme au genre de son modèle.

« On se gêne trop, dit Abelly, pour imiter
« ou pour dire ce que les autres ont dit, et
« l'on ne donne pas assez d'essor à son propre
« esprit pour produire ce qui serait très-utile :
« on se rend esclave des matières qui ont eu
« l'approbation du public, et on s'interdit à
« soi-même la plus belle partie, qui est l'inven-
« tion. Il faut se retirer de cette servitude. »

Du plagiat. 59. Lorsqu'au lieu d'imiter son modèle, on se contente de le copier en lui prenant et le fond et la forme, c'est un vol littéraire qu'on appelle *plagiat*. Le discours public le repousse encore plus que les autres compositions. Rien n'est plus inconvenant, disons le mot, rien n'est plus bas que de produire comme sien le fruit du travail des autres, sans s'être donné au moins la peine d'y faire les changemens nécessaires pour se l'approprier de quelque manière. C'est avoir bien peu de délicatesse que d'oser chercher la considération aux dépens d'autrui et d'usurper une estime qu'on ne mérite pas. C'est imiter le Geai qui se pare des plumes du Paon, et donner une grande preuve d'impudeur et d'incapacité.

Les plagiaires ne jouissent pas long-temps du fruit de leurs rapines intellectuelles. Le public éclairé s'aperçoit bientôt que ces frélons littéraires n'ont pas tiré de leur fond ce qu'ils débitent. La différence entre ce qui vient d'eux et ce qui vient d'autrui frappe sur-le-champ, l'attention s'éveille et on découvre presque toujours la source où ils ont puisé (1). Alors à l'estime usurpée succède une confusion méritée dont l'écrivain et l'orateur plagiaires se relèvent rarement.

60. « On se nourrit des anciens et des habiles modernes, dit La Bruyère ; on les presse, *Ce que dit La Bruyère de certains plagiaires.*

---

(1) Un prédicateur médiocre, qui pille de beaux morceaux dans les sermons d'un autre, se rend souvent ridicule. Il est semblable à ces paysans qui, ayant trouvé un ruban ou un bout de dentelle, l'appliquent sur leurs habits grossiers, ce qui les rend encore plus difformes. On ne peut être prédicateur, si l'on n'en sait assez pour s'approprier d'une manière honnête et légitime ce qu'on ne peut inventer. Ceux qui veulent se former sur les autres doivent imiter les peintres et les architectes. Lorsqu'ils considèrent les plus beaux ouvrages, ce n'est pas pour enlever les tableaux ou les pierres entièrement, ou par pièces, mais c'est pour concevoir l'artifice, et pour découvrir les moyens de pratiquer les règles qu'ils ont observées. (ABELLY.)

on en tire le plus que l'on peut, on en renfle ses ouvrages; et quand enfin l'on est auteur, et que l'on croit marcher tout seul, on s'élève contre eux, on les maltraite; semblable à ces enfans drus et forts d'un bon lait qu'ils ont sucé, qui battent leur nourrice. »

Autres passages du même écrivain. 61. « Il y a des artisans ou des habiles, dit le même écrivain, dont l'esprit est aussi vaste que l'art et la science qu'ils professent : ils lui rendent avec avantage, par le génie et par l'invention, ce qu'ils tiennent d'elle et de ses principes : ils sortent de l'art pour l'ennoblir, s'écartent des règles, si elles ne les conduisent pas au grand et au sublime : ils marchent seuls et sans compagnie : mais ils vont fort haut et pénètrent fort loin, toujours sûrs, et confirmés par le succès, des avantages que l'on tire quelquefois de l'irrégularité. Les esprits justes, doux, modérés, non-seulement ne les atteignent pas, ne les admirent pas, mais ils ne les comprennent point, et voudraient encore moins les imiter. Ils demeurent tranquilles dans l'étendue de leur sphère, vont jusqu'à un certain point qui fait les bornes de leur capacité et de leurs lumières; ils ne vont pas plus loin, parce qu'ils ne voient rien au-delà. Ils ne peuvent au plus qu'être les premiers d'une seconde classe, et exceller dans le médiocre.

« Il y a des esprits, si j'ose le dire, inférieurs et subalternes, qui ne semblent faits que pour être le recueil, le registre ou le magasin de toutes les productions des autres génies. Ils sont plagiaires, traducteurs, compilateurs : ils ne pensent point, ils disent ce que les autres ont pensé; et, comme *le choix des pensées est invention*, ils l'ont mauvais, peu juste, et qui les détermine plutôt à rapporter beaucoup de choses, que d'excellentes choses : ils n'ont rien d'original et qui soit à eux : ils ne savent que ce qu'ils ont appris ; et ils n'apprennent que ce que tout le monde veut bien ignorer, une science vaine, aride, dénuée d'agrément et d'utilité, qui ne tombe point dans la conversation, qui est hors de commerce, semblable à une monnaie qui n'a point de cours. On est tout à la fois étonné de leur lecture et ennuyé de leur entretien ou de leurs ouvrages. Ce sont ceux que les grands et le vulgaire confondent avec les savans, et que les sages renvoient au pédant.

« Je conseille à un auteur né copiste, et qui a l'extrême modestie de travailler d'après quelqu'un, de ne se choisir pour exemples que ces sortes d'ouvrages où il entre de l'esprit, de l'imagination, ou même de l'érudition : s'il n'atteint pas ses originaux, du moins il en approche et il se fait lire. Il doit au contraire éviter comme un écueil de vouloir imiter ceux qui écrivent par humeur, que le cœur fait parler, à qui il inspire les termes et les figures, et qui tirent, pour ainsi dire, de leurs entrailles tout ce qu'ils expriment sur le papier : dangereux modèles et tout propres à faire tomber dans le froid, dans le bas et dans le ridicule ceux qui s'ingèrent de les suivre. En effet, je rirais d'un homme qui voudrait sérieusement parler mon ton de voix, ou me ressembler de visage. »

Différence de l'auteur instruit et du compilateur.

62. « On distingue sans peine, dit Maury, le véritable savant, qui a fait des études approfondies, de tous ces érudits de dictionnaires ou d'abrégés, qui empruntent toujours, et ne tirent rien de leur propre fond. Ces stériles compilateurs ont beau se surcharger de citations et de commentaires, ils plient sous le poids d'un trésor qui ne leur appartient pas : ils n'en sont que plus pauvres. On les voit, pour ainsi dire, copier au besoin des livres ouverts devant eux ; et ils ne forment que des centons sans

unité, sans intérêt, plus propres à étouffer la pensée qu'à l'embellir. Au contraire, l'écrivain solidement instruit incorpore ce qu'il crée avec ce qu'il sait, et ses connaissances se fondent d'autant plus aisément avec ses idées, qu'elles ont contracté une certaine alliance par le long séjour qu'elles ont fait ensemble dans son esprit. »

63. Il n'y a point de plagiat dans les cas suivans : *Cas où il n'y a point de plagiat.*

1° Lorsqu'on fait connaître de quelque manière que ce soit qu'on n'est pas l'auteur de ce qu'on cite.

2° Lorsqu'on indique nommément ou en général l'écrivain ou l'ouvrage qu'on a consulté. Cette indication se fait avant ou après l'article cité, ou au moins dans la préface, quand c'est un ouvrage. Cette justice est due aux modernes, aux contemporains et surtout aux vivans.

3° Lorsqu'on ne fait usage d'une composition que du consentement de l'auteur. Saint Augustin ne veut pas qu'on blâme un prédicateur qui débite un sermon qui lui est fourni par un autre. « Il y a, dit-il, des gens qui ont,
« à la vérité, le talent de bien prononcer un
« discours, mais qui n'ont pas celui de le com-

« poser. Que si d'autres leur en donnent quel-
« qu'un où il y ait de l'éloquence et de la
« sagesse, et qu'après l'avoir confié à leur
« mémoire, ils le disent ensuite au peuple, cette
« conduite n'est point à condamner (1). » On
ne condamne pas non plus un pasteur qui, manquant ou de temps ou de facilité, préfère débiter à son peuple une homélie ou une instruction solide prise dans les saints Pères, ou dans quelque bon livre tombé dans le domaine public, plutôt que de négliger le devoir important qui l'oblige de lui annoncer la parole de Dieu.

Il faut cependant avouer que celui qui, par négligence, agirait ainsi habituellement, se ferait grand tort à lui-même (2). Il ferait même tort à ses paroissiens : car il est reconnu que

---

(1) Saint Césaire d'Arles, qui a montré un si grand zèle pour l'instruction des peuples et qui prêchait lui-même très-fréquemment, fournissait à plusieurs de ses prêtres des instructions pour les fidèles.

(2) Sa négligence l'empêcherait d'acquérir l'habitude de composer. Il ne dirait rien de propre à son auditoire, et risquerait de lui dire des choses qui ne lui conviendraient nullement. Et, si ses paroissiens découvraient la source où il puise, il passerait pour un ignorant, ce qui nuirait à son ministère. C'est pourquoi il serait bon, dans ce cas, de ne

celui qui donne ce qu'il a composé, prêche avec beaucoup plus de fruit que celui qui ne débite que ce qu'il a puisé dans un livre.

4° Il n'y a point de plagiat, quand ce qu'on dit de soi-même se rencontre dans un autre, soit dans les mêmes termes, soit à peu près. Il serait bien étrange que, le fond de vérité étant le même dans tous les pays et dans tous les âges, on ne se rencontrât jamais avec quelque auteur. Ce serait au contraire une marque de fausseté, si cela n'arrivait pas. Car la vérité est une, et plusieurs peuvent la trouver. Il y a longtemps qu'on a dit qu'il n'y avait rien de nouveau sous le soleil. (Eccle., 1, 10.) Ainsi, de ce qu'un autre a dit ce que je dis, il ne s'en suit pas que je suis un plagiaire. Je suis homme,

---

point puiser dans les livres qui sont communément entre les mains des fidèles. Il faudrait aussi ne pas se contenter d'étudier sur le livre, mais se donner la peine de transcrire, afin d'ôter ce qui ne convient pas et d'ajouter ce qui est propre aux temps, aux lieux, aux circonstances et aux personnes. J'ai entendu parler d'un curé qui avait prêché pendant plusieurs années avec fruit Bourdaloue et Massillon, qu'il accommodait ainsi aux besoins et à la capacité de son peuple. Je ne conseillerais pas de faire cela en ville, où ces ouvrages sont très-connus.

j'ai la raison, je puis voir ce que voit un autre homme et trouver ce qu'il trouve. C'est ce que La Bruyère fait sentir en peu de mots.

« Horace ou Despréaux l'a dit avant vous.
« Je le crois sur votre parole, mais je l'ai dit
« comme mien. Ne puis-je pas penser après
« eux une chose vraie, et que d'autres encore
« penseront après moi? »

5° Il n'y a point non plus de plagiat quand on n'a fait qu'emprunter à un auteur, ou le fond auquel on a donné une autre forme, ou la forme à laquelle on a donné un autre fond, ou enfin quand on a enrichi le fond ou perfectionné la forme dont il est l'inventeur.

De la disposition. Sa nécessité.

64. Nous venons d'exposer tout ce qui regarde les deux premières opérations principales de la composition, qui sont le choix du sujet et l'étude ou l'invention des matières. Nous allons maintenant nous occuper de la troisième opération, qui est *la disposition*. C'est la première chose qu'on doit faire quand on a suffisamment étudié son sujet et rassemblé ses notes. « Après l'invention, le premier soin, dit Grenade, est de travailler à la disposition des matières qu'on a recueillies; c'est-à-dire qu'après qu'on a choisi et tiré de cet amas, et

comme d'une forêt de bonnes choses, les plus justes et les plus propres au sujet, il faut les ranger en ordre et les placer chacune en son lieu : ce qui doit se faire de telle sorte qu'il n'y ait rien dans les pensées et les sentences, ni dans les preuves et les témoignages des Saintes-Écritures, qui soit outré, qui soit forcé, ou, comme l'on dit, tiré par les cheveux, mais que toutes ces choses y tiennent leur place avec tant de justesse, qu'elles paraissent moins recherchées que prises de la nature même.

65. Les notes qu'on a prises contiennent les matériaux qui doivent entrer dans la construction de l'édifice oratoire qu'on veut élever. On ne construit pas un édifice en jetant les matériaux pêle-mêle les uns sur les autres. Ils doivent être rangés chacun à la place qui leur convient pour concourir tous ensemble à former un monument qui soit remarquable par sa solidité et sa beauté majestueuse. Comparaisons.

Une comparaison qui convient mieux pour diriger le prédicateur au vrai but qu'il doit se proposer, et par conséquent pour lui indiquer les meilleurs moyens d'être tout à la fois solide et éloquent, est celle d'une armée. Les pensées ou preuves représentées par les notes, sont les soldats et les armes que l'orateur, qui est le général, doit employer pour défaire les ennemis et s'emparer d'un poste ou d'une place. Ce n'est pas en marchant dans la confusion que les soldats d'une armée peuvent espérer de remporter la victoire ; c'est au contraire en s'avançant en ordre et en gardant une exacte discipline. L'orateur sacré a à combattre les erreurs et les vices ; c'est à cela qu'il doit principalement s'attacher. Il faut donc qu'il dispose tellement ses armes, c'est-à-dire ses preuves et ses moyens oratoires, qu'il renverse l'ennemi et qu'il le force de se rendre à discrétion. Or, il ne parviendra à ce but que par une sage ordonnance. Comme c'est le bon ordre qui donne la force à une armée, c'est aussi le bon ordre qui donne la force au discours. Plus il y aura d'ordre, plus le discours sera fort et l'orateur puissant..

Moyens de mettre de l'ordre dans le discours. 1er MOYEN. — Se proposer un but unique. — Questions qu'on doit se faire pour le trouver et y tendre.

66. Pour qu'il y ait de l'ordre dans le discours, il faut, comme nous l'avons dit ailleurs, qu'il y ait de l'unité. Pour y mettre de l'unité, il faut d'abord *se proposer un but unique et ne pas s'en écarter*. Tout doit y tendre, et l'on doit tout y ramener. « Ayez donc toujours devant les yeux, en composant, ce but général ;

dirigez-y clairement toutes vos pensées, et qu'il n'y en ait aucune de laquelle on ne puisse dire avec vérité qu'elle concourt avec toutes les autres à faire un tout qui mette au plus grand jour la proposition principale (GIRARD). » Ce but est tantôt une vérité dont on veut convaincre, ou une erreur dont on veut détromper; tantôt un devoir qu'on veut porter à remplir, ou un défaut dont on veut détourner. Parmi ces choses, ce sont toujours celles qui sont nécessaires au salut qu'il faut préférer, parce que le salut est le but principal de la prédication.

Tout le discours doit être réduit à une proposition unique qui le renferme. Pour la trouver et la rendre solide ainsi que le discours, et en même temps pour trouver les développemens et leur disposition, il faut se faire les trois questions suivantes :

1re. Q. *Quem fructum?* C'est-à-dire, quel est le fruit que je veux produire dans les auditeurs? Quels sont leurs besoins moraux? A quoi faut-il que je les porte pour leur salut? etc.

2e. Q. *Quibus argumentis?* Par quelles preuves, par quels argumens j'y parviendrai le mieux? Quelles sont les raisons les plus capables de les convaincre, et les motifs les plus propres à les toucher ?

3°. Q. *Quo ordine ?* Dans quel ordre convient-il mieux de les présenter pour produire l'effet que j'en attends ?

Les réponses à ces trois questions dirigeront sûrement.

Sentiment de Grenade. 67. Ces avis sont ceux des maîtres de l'art. « Comme l'ordre et la netteté du discours, dit Grenade, dépendent de la manière de le diviser, et que les fautes que plusieurs commettent dans la division y causent souvent de la confusion, nous marquerons en peu de paroles ce que le prédicateur doit principalement considérer en cette partie. Qu'il ait soin surtout de se bien mettre devant les yeux l'effet qu'il veut produire, c'est-à-dire le but qu'il se propose dans tout son discours ; qu'il observe ensuite les raisons par lesquelles il prétend y atteindre, et qu'il les range dans un ordre convenable avec prudence et adresse ; et ainsi il pourra en recueillir les parties de la division, qui renferment tout le fond principal du sujet de son discours. »

Sentiment de St. François de Sales. 68. M. de Belley rapporte qu'ayant prêché aux religieuses de la Visitation un sermon qui avait déplu à saint François de Sales, ce saint évêque lui donna à cette occasion des avis très-importans. Après avoir parlé du premier avis qui avait rapport à des éloges qu'il n'approuvait pas (1), il ajoute : « Ce sermon aux religieuses de la Visitation m'attira encore de lui un autre reproche, ou, pour parler plus juste, un autre avis charitable; car le zèle ardent qu'il avait pour mon bien spirituel faisait qu'il ne me pardonnait rien. Il me demanda donc quel avait été le but de ma prédication. Je me trouvai un peu surpris. Enfin je lui dis que j'avais eu l'intention de porter ces bonnes filles à être fidèles et exactes à l'observance de leur institut, et que j'avais pensé qu'un bon moyen pour cela, c'était de leur faire un grand éloge de cet institut. Or, non-seulement il blâma ce moyen, mais il me fit remarquer que je n'avais point ramené tout mon discours à ce but; que je semblais, au contraire, n'avoir eu pour objet que de ramasser des fleurs et de brûler de l'encens.

« Plusieurs autres fois, après m'avoir entendu, il m'a demandé également quel avait été mon but particulier dans mon sermon, et il me

---

(1) Voyez chapitre IV, n° 50.

disait ensuite franchement si je l'avais atteint, ou si je l'avais manqué..... Il me recommandait souvent de ne pas me borner au dessein général de convertir les pécheurs et de sanctifier les justes, mais d'avoir toujours en montant en chaire un but particulier; par exemple, de faire connaître quelque mystère, d'éclaircir quelque point de foi, de combattre un vice, d'enseigner une vertu, de porter à l'exercice d'une bonne œuvre.

« Vous ne sauriez croire jusqu'à quel point cet avis est important, et combien de sermons bien travaillés et bien étudiés sont inutiles, faute de tendre à un but particulier. Il y a des prédicateurs dont les sermons sont pleins de bons et salutaires enseignemens; mais ils n'appuient pas assez sur chacun, et les vérités qu'ils annoncent s'étouffent les unes les autres par leur multitude et leur variété, semblables au grain qui profite peu lorsqu'on le sème trop épais. Mais quand on n'a qu'un but, et que toutes les raisons et tous les mouvemens frappent là, l'impression est bien plus puissante, et elle est de nature à amollir les cœurs les plus durs. Les bourdons qui voltigent sur toutes les fleurs n'en tirent point de miel; mais l'abeille ne fait pas ainsi, elle s'arrête sur chacune autant de temps qu'il faut pour en tirer le suc. Si vous suivez cette maxime, vous rendrez vos prédications bien fructueuses, et vous serez du nombre des fidèles dispensateurs de la parole de vie. »

69. « On doit tenir pour certain, dit Abelly, qu'on ne fera jamais un bon sermon, si l'on ne se le dit à soi-même, avant de le commencer : *Il faut que je persuade une telle vérité. Il faut, par exemple, que je convainque mes auditeurs que c'est une obligation de pardonner les injures, que c'est une nécessité de restituer le bien d'autrui, que la pénitence est indispensable pour être sauvé*, etc. Cette intention de persuader est comme un cordeau qui conduit les preuves en ligne droite, et qui empêche que l'on ne s'égare à dire des choses inutiles. »

Sentiment d'Abelly.

« En fait d'éloquence chrétienne, ajoute-t-il ailleurs, c'est une heure de temps très-mal employée, lorsque l'auditeur sort sans pouvoir emporter une conclusion qui lui serve pour son salut, et de quelque beauté dont une pièce puisse être remplie, elle ne vaut rien, si elle n'est propre à établir l'Évangile. Cette proposition générale n'est difficile ni à trouver ni à prouver; parce qu'elle résulte naturellement de la connaissance que l'on a de son sujet. On ne peut pas se la former dans l'esprit, à moins que l'on ait eu quelques raisons confuses qui l'ont fait énoncer, et ces raisons expliquées et développées feront ce qu'on appelle les preuves. »

2ᵉ ᴍᴏʏᴇɴ. — Faire toujours dominer l'idée principale.

70. Le second moyen de mettre de l'ordre dans le discours est de *faire toujours dominer l'idée principale* et de ne pas donner trop d'étendue à celles qui ne sont qu'accessoires.

« Montrez d'abord, comme dans la peinture, dit Besplas, le sujet principal; qu'il éclaire le tout avec sa lumière : trop d'objets secondaires sont comme la multitude de figures dans un tableau; ils produisent la confusion, la distraction, un certain bruit de pensées qui nuit extrêmement à l'effet du discours. Peu d'orateurs ont bien pesé cette observation; et l'on peut reprocher au célèbre P. de Neuville en particulier de l'avoir négligée. Le sujet principal perd sa dignité, quand l'orateur relève trop les parties accessoires. Une grandeur trop divisée n'est plus une grandeur. Que l'idée principale domine donc continuellement; que dès l'entrée on sente qu'elle va tout éclairer; que, par la force de cette première vérité, les objets encore dans les ténèbres, se montrent comme un soleil levant qui, avec des teintes différentes, frappe déjà de sa tremblante lumière tout le ciel, et qui, jusqu'au fond des sombres cavernes, fait sentir qu'il est sur l'horizon. Rien n'est plus important que le choix de cette idée principale. Car la première phrase, la première période pousse, pour ainsi dire, toutes les autres jusqu'à la fin. »

71. Il y a un troisième moyen pour trouver sûrement l'ordre d'un discours. Ce moyen consiste à *le réduire à un syllogisme*. « Tout sermon, dit l'auteur que nous venons de citer, est un syllogisme dont la *majeure* est dans l'exorde, la *mineure* dans les divisions, les *preuves* dans le corps du discours, la *conséquence* dans la péroraison. Ainsi un moyen infaillible pour juger de la bonté d'un discours, c'est de le réduire en syllogisme ; s'il ne peut subir cette épreuve, il est défectueux. La majeure, qui est dans l'exorde, ne doit pas avoir besoin de preuve ; autrement le discours n'aurait pas de base, ou au moins la structure en deviendrait très-embarrassée. Mais la preuve doit toute porter sur la mineure, à laquelle il faut consacrer le corps du discours : sans cela

<small>3e MOYEN. — Réduire le discours à un syllogisme.</small>

il n'y a pas de logique; et le sermon n'est qu'un paralogisme ou faux raisonnement. Combien d'orateurs ignorent cette règle si simple, ou ne l'ont pas sous les yeux en composant!

« Pour bien faire sentir ce principe si essentiel, choisissons un exemple. Supposons qu'on veuille parler du bonheur des justes; resserrez d'abord votre matière; un sujet trop vaste ne fixe pas l'auditeur, et il jette dans des preuves trop générales qui manquent d'application : ainsi considérez, comme Massillon, les justes affligés. Sentez-vous déjà l'intérêt qui va naître dans l'ame de ceux qui écoutent? Que le texte annonce que c'est votre but. Établissez ensuite votre proposition fondamentale ou majeure : *Ceux-là seulement sont heureux qui sont consolés dans leurs peines;* sujet de l'exorde. *Or, les seuls justes sont consolés dans leurs peines.* (Ce que vous prouverez avec Massillon dans le corps du discours.) *Donc les justes sont les seuls heureux.* Ce sera avec lui votre péroraison et votre conséquence. *Ah! mes chers auditeurs,* s'écrie-t-il, *l'innocence est donc la source des vrais plaisirs.* C'est-à-dire, *donc les justes sont les seuls heureux.*

« Quoique cette marche soit la plus ordinaire, le syllogisme prend dans la chaire un caractère de liberté qu'on ne connaît pas dans l'école; là on le réduit plus souvent en enthimême, appelé par cette raison *le syllogisme des orateurs ;* argument pressant qui, par l'accumulation des preuves, laisse peu de relâche à l'auditeur. Quelquefois aussi la mineure est tout entière dans la première partie, et la conséquence dans la seconde, où son importance mérite ce développement. Quelquefois tout l'argument est dans l'exorde, et les deux parties sont consacrées à l'énumération : quelquefois, enfin, tout le discours est employé à la conséquence. Ces différentes méthodes sont bonnes, il suffit qu'elles arrivent au but. Mais la règle essentielle, et qui ne doit jamais être violée, c'est que le syllogisme et l'enthimême, quelque part qu'ils se trouvent, dans l'exorde ou dans le corps du discours, soient concluans. Le discours est une chaîne ; pourvu que les anneaux tiennent ensemble, il n'importe comment ils sont attachés.

« Le plus juste reproche que méritent quelques prédicateurs; la preuve certaine qu'ils composent sans logique et sans méthode, c'est de pouvoir déranger l'ordre de leurs sermons, sans que l'intérêt croisse ou qu'il diminue. Ils n'ont pas de règle; comme Montaigne, marchant au hasard, ils vont à la rencontre des objets qui frappent leur vue. Qu'on ne s'abuse donc pas; pour réussir dans la chaire, il faut être bon logicien. Tout homme qui n'en possède pas le talent s'expose à mille fautes, et ne connaît pas le secret de son art. »

<small>Règles pour le plan ou la division.</small>

72. Dans un discours tout dépend du plan qu'on a adopté. « Est-il mal conçu, obscur, indéterminé? Il y aura dans les preuves, dit Maury, une confusion inévitable, une fatigante divagation, et du mouvement sans progrès. Les objets ne seront point nettement séparés, et les raisonnemens s'entrechoqueront, au lieu de se prêter une force corrélative et un appui réciproque. » Au contraire, est-il clair, précis? Les preuves se classeront d'elles-mêmes et acquerront une force qui doublera leur effet; les mouvemens préparés convenablement arriveront à propos, et le succès sera infaillible.

<small>Qualités que doit avoir la division. 1re QUALITÉ.— Elle doit être simple et naturelle.</small>

73. La division doit être simple et naturelle, large et abondante, claire et distincte, courte et progressive, et tendre, autant que possible, à la pratique. Développons ces différentes qualités. La division doit d'abord être *simple et*

naturelle. Plusieurs prédicateurs, voulant, par un goût désordonné, éviter ce qui est ordinaire et commun, s'efforcent de chercher des plans nouveaux et extraordinaires. « Rien n'est plus contraire aux principes de la droite raison. Ils hésitent, marchent sans guide et s'égarent, ou ne sont pas entendus. Ne craignons pas de le dire, *rien ne doit être plus commun que le plan;* on ne saurait trop suivre la route battue; il faut que, dès l'entrée, l'orateur élargisse la voie. Celui qui cherche un plan extraordinaire, au lieu d'un plan naturel et simple, ressemble à un voyageur qui, abandonnant la route publique, prend des sentiers escarpés, de sombres forêts, où, s'épuisant lui-même en pure perte, il fatigue encore ceux qu'il conduit après lui. Mais, dit-on, faire autrement, c'est se confondre avec la foule. Sans doute; et pourquoi la raison est-elle appelée *le sens commun* ou universel, sinon parce que tous les hommes participent à ce bienfait inestimable? Le plus habile artiste ne travaille-t-il pas sur le même canevas que le plus faible artisan? Les fondemens ne se ressemblent-ils pas dans les palais et dans les édifices les plus ordinaires? L'orateur qui s'écarte des routes communes veut couvrir sa faiblesse; qu'il se mette à la portée de tous les regards, et l'on jugera s'il plane au-dessus des autres. Ce n'est pas des idées, c'est de la manière dont il les reçoit, que le génie tire sa grandeur. Les mêmes sucs nourrissent le cèdre superbe et l'humble hysope qui croît à ses pieds. La nature n'a qu'une seule loi très-simple; ses prodiges en sont-ils moins étonnans? D'ailleurs, tous ces plans si recherchés rentrent toujours, à l'économie près, dans les plans ordinaires, dont ils ne s'écartent que pour obscurcir le sujet. » (BESPLAS.)

Des divisions trop brillantes ou trop savantes.

74. « On doit laisser les divisions ou trop brillantes ou trop savantes, dit l'abbé du Jarry; car rien n'est plus vicieux dans les discours chrétiens que l'affectation de l'esprit et de la doctrine. Ce n'est pas qu'on puisse faire de beaux sermons sans l'un et sans l'autre, mais on ne saurait trop éviter ce qui peut laisser voir qu'on en veut faire paraître. Je me souviens d'avoir autrefois admiré dans ma jeunesse cette division si connue d'un prédicateur célèbre, sur la conversion de la Madeleine :

Elle s'aima, elle aima, elle se fit aimer.

La manière dont l'orateur la traita, donna lieu à un sonnet dont ce vers m'est demeuré :

On n'est point si savant sans être un peu coupable.

Mon goût est bien changé depuis, et rien ne blesse plus mon oreille qu'une division trop fleurie, surtout dans un sujet où l'austérité du discours doit écarter les images de la vanité en les rappelant, et consacrer tout ce qui est profane.

« Les divisions trop théologiques, et qui marquent une ostentation de science, ne me déplaisent pas moins. J'ai peine à souffrir un prédicateur qui marque un désir de passer pour docte au-delà de ce qu'il faut pour traiter solidement son sujet, et qui, dans une division, ne laisse attendre qu'une sécheresse d'école et des raisonnemens abstraits à son auditoire. »

75. **Les plans tirés du texte sont rarement naturels.** Ils sont la plupart forcés. « Massillon, dit Maury, a calqué la division de son sermon sur la confession, dans lequel on trouve tant de beautés de détail, sur un passage de l'Évangile; il prend pour texte ce verset de saint Jean : *Erat multitudo cæcorum, claudorum, et aridorum.* « Il y avait un grand nombre d'aveugles, de boiteux, et de ceux qui avaient les membres desséchés. » Massillon compare les

Des plans tirés du texte.

pécheurs qui environnent les tribunaux de la pénitence aux malades qui étaient rassemblés sur les bords de la Piscine de Jérusalem ; et il montre l'analogie de ces infirmités corporelles avec les abus les plus communs qui rendent les confessions inutiles. *Il y avait des aveugles* : défaut de lumière dans l'examen. *Il y avait des boiteux* : défaut de sincérité dans l'aveu de ses fautes. *Il y avait des malades dont les membres étaient desséchés* : défaut de douleur dans le repentir. Cette application est très-ingénieuse sans doute ; mais elle est aussi très-recherchée, et le goût exquis de Massillon n'a succombé que cette seule fois à la tentation de puiser un plan artificiel dans l'analyse de son texte. L'usage qu'il a fait du fameux passage, *Consummatum est*, dans son sermon sur la Passion, est plus heureux. »

Des divisions symétriques.

76. Rien de plus vain que ces divisions en trois points, dont chacune se termine en rime et en cadence. Elles étaient en grande vogue du temps de La Bruyère, qui n'a pas peu contribué à les faire abandonner en les tournant en ridicule (V. chap. II, n° 5). « J'ai entendu quel-
« quefois des gens, dit l'abbé du Jarry, s'ap-
« plaudir en secret, et se complaire dans leur

« éloquence puérile, en faisant sonner ces ri-
« ches divisions, répétées en trois ou quatre
« manières différentes, qui signifiaient la même
« chose. Quelques auditeurs de mauvais goût,
« surtout dans les provinces, font consister en
« cela toute la beauté d'un discours. »

77. « Loin d'un orateur chrétien, dit Maury, *Des divisions par antithèses et autres.* ces plans éblouissans par une singularité sophis-
tique, ou par une antithèse stérile, ou par un
paradoxe subtil! Loin ces plans qui ne sont ni
assez clairs pour être retenus, ni assez importans pour mériter d'être remplis, et qui ne
présentent qu'une vaine abstraction sans intérêt! Loin surtout ces sous-divisions correspon-
dantes et symétriques entre les deux parties
d'un discours, où elles forment une opposition
puérile, également indigne et d'un art si noble,
et d'un ministère si auguste ! Évitez ces défauts
brillans; présentez-moi un plan simple et raisonnable. »

Le P. Rapin cite l'exemple d'un prédicateur
qui, pour prêcher sur les souffrances, pensait
avoir bien rencontré, de montrer dans les deux
parties de son discours, *les souffrances dans
les plaisirs, et les plaisirs dans les souffrances.*
Puis il ajoute : « L'affectation de ces sortes de

discours sent si fort la déclamation, qu'on doit l'éviter : cela fait pitié dès qu'on a un peu de bon sens. Ces jeux de paroles ne sont d'ordinaire que de fausses lueurs d'esprit, qui donnent trop à l'imagination, et ne conviennent nullement à la chaire. Dans ces oppositions si recherchées, il y a rarement du solide, quoiqu'il y ait du brillant ; les parties même se trouvent souvent comprises les unes dans les autres, quand on en fait une exacte discussion. Ce n'est quelquefois qu'une même chose en effet, quoiqu'il y en ait deux en apparence. On affaiblit son sujet par le soin qu'on a de lui donner un tour agréable. Ce n'est pas la manière de saint Chrysostôme ni des grands orateurs, qui trouvent que les distributions les plus communes, étant les plus naturelles, sont toujours les meilleures. On se méprend fort, dès que la réputation de bel esprit entre dans l'usage de l'éloquence, qui ne peut réussir que par le naturel tout pur, par la simplicité, et par le bon sens. »

2ᵉ QUALITÉ. — La division doit être large et abondante.

78. « Le plan, dit Maury, doit ouvrir un champ vaste et fécond à l'éloquence. S'il est trop circonscrit, il vous met hors de votre matière, au lieu de vous fixer au centre du sujet.

CHAPITRE X. — N° 78.

C'est ainsi que Cheminais, séduit par le cliquetis d'une antithèse brillante, se borne, dans son sermon *sur l'ambition*, à présenter l'*ambitieux esclave et l'ambitieux tyran*; sans s'apercevoir combien il s'apauvrit en se renfermant dans ces deux coins trop resserrés, où il ne peut plus peindre les sacrifices, les bassesses, les injustices d'un autre genre, que coûte cette malheureuse passion, et tous les étranges mécomptes auxquels ses mauvais calculs livrent ordinairement ses victimes. Il ne faut qu'une erreur pareille dans le plan, erreur qui est l'équivalent d'un mauvais choix de sujet, pour ôter à un discours toute espèce d'intérêt.

« Plus on creuse son plan, plus on étend son sujet. Des rapports qui paraissaient d'abord assez vastes pour présenter la matière du discours dans toute son étendue, forment à peine une sous-division assez riche, quand on sait généraliser et développer ses idées. Il faut éviter ces plans fondés, ou sur des épithètes sans fécondité (1), qui n'ouvrent aucune route à l'élo-

---

(1) Les divisions par épithètes ou qualités prêtent à l'abondance et fécondent les sujets arides. Elles facilitent l'emploi de bons matériaux qu'on ne pourrait

quence, ou sur des aperçus sans étendue, plus propres à servir d'épisode que de partage à une solide instruction. Je regarde comme le modèle d'un plan fécond et heureux d'un sermon, et qui ouvre une belle et vaste carrière à la logique, à l'imagination, à l'éloquence de l'orateur, cette division admirable du discours du P. Le Chapelain, pour la profession religieuse de Madame la comtesse d'Egmont : « Dans ce
« monde distingué qui m'écoute, il est un
« monde qui vous condamne ; il est un monde
« qui vous plaint, et il est un monde qui vous
« regrette. Il est un monde qui vous condamne :
« et c'est un monde injuste que je dois confondre.
« Il est un monde qui vous plaint : et c'est un
« monde aveugle que je dois éclairer. Il est un
« monde qui vous regrette : et c'est un monde
« ami de la vertu que je dois consoler. Voilà
« ce qu'on attend de moi, et ce que vous devez
« en attendre vous-même. En trois mots, jus-
« tifier la sagesse de votre sacrifice aux yeux
« du monde injuste qui vous condamne : ce

---

sans leur secours placer convenablement. Mais il faut que ces épithètes soient indiquées par les matières mêmes.

« sera la première partie. Éclairer sur le bon-
« heur de votre sacrifice le monde aveugle qui
« vous plaint : ce sera la seconde partie. Con-
« soler enfin, autant qu'il est en moi, de l'éter-
« nité de votre sacrifice, le monde raisonnable
« et chrétien qui vous regrette : ce sera la troi-
« sième partie. C'est à vous, divin esprit, que
« j'ai recours. Vous êtes l'esprit de force, l'es-
« prit de lumière, l'esprit de consolation : j'ai
« besoin de tous ces dons pour confondre le
« monde, pour éclairer le monde, pour con-
« soler le monde. » Le discours est, pour
ainsi dire, fait dès qu'un plan si riche est trouvé. L'orateur qui ne saurait pas le remplir serait incapable de le concevoir. »

En choisissant une division large et féconde,
il faut prendre garde de tomber dans un excès
qui consiste à embrasser tant de matières, qu'on
ne fait plus ensuite que de les effleurer pour ne
pas passer les bornes qu'on s'est prescrites.
Ceci arrive ordinairement à ceux qui prêchent
sur de simples analyses ou canevas. La crainte
de manquer de matière leur fait embrasser trop
d'objets. Ils n'exposent sur chacun que des idées
générales et communes, et n'approfondissent
rien ; ils ne font, pour ainsi dire, qu'indiquer

les matières et donner des aperçus. Sous une apparente abondance sur laquelle ils trouvent moyen de s'excuser, pour ne pas entrer dans le détail, ils ne font que tracer une sorte de croquis ou d'esquisse qui ne produit aucun fruit. Pour éviter cet inconvénient, il faut, après avoir choisi un sujet vaste et une division abondante, examiner les rapports les plus solides et leur donner les développemens convenables, laissant les autres sur lesquels on ne doit faire que passer. De cette manière on intéressera les auditeurs, et on leur sera utile.

3ᵉ QUALITÉ. — La divison dpit être claire et distincte.

79. La division doit être *claire et distincte*. Il faut prendre garde que les membres ne soient pas renfermés les uns dans les autres ; ce qui donne lieu à des répétitions ennuyeuses. Lorsque le prédicateur est obligé de retoucher dans une seconde partie ce qu'il a dit dans la première, l'attention se perd, le pathétique rebattu devient froid et sans force. Ce défaut met la confusion dans le discours et expose le prédicateur à s'égarer dans sa marche en retombant dans les mêmes idées. Pour l'éviter, il faut prendre garde d'adopter des partitions qui, au lieu d'être bien tranchées, ne sont que des synonymes, ou qui, par trop de généralité, peuvent se comprendre

réciproquement. On peut proposer pour modèle de bonnes divisions celles des *sermons de l'abbé Richard*. « Les jeunes orateurs y apprendront à bien tracer le plan d'un discours et à en coordonner sagement toutes les parties; de sorte que, non-seulement les divisions soient simples, faciles à retenir, et naissent comme naturellement du sujet, mais encore que les preuves des unes ne rentrent pas dans celles des autres; qu'elles soient toutes réfléchies et approfondies, rangées dans l'ordre qui leur convient pour produire plus d'effet, s'appuyant et se fortifiant mutuellement par une correspondance qui n'échappe pas à l'auditoire et captive de plus en plus son attention. On voit que l'abbé Richard a long-temps médité un sujet avant de le développer, comme il doit l'être dans un bon sermon. Il ne cherche pas, dans ses divisions générales, à faire montre de profondeur ou de sagacité : elles sont presque toutes simples et communes. Il est encore plus éloigné de multiplier les subdivisions, dont le grand nombre fatigue l'auditeur, embrouille ou dessèche le discours. Il ne s'applique pas à dire des choses nouvelles ou curieuses, qui récréent ou plutôt distraient l'esprit, et affament, pour ainsi dire, le cœur; mais à faire valoir d'une manière toute nouvelle les richesses que fournit le sujet, à élaguer tout ce qui est inutile, à former d'une suite de vérités bien exposées, bien prouvées, bien liées les unes avec les autres, un ensemble régulier qui produit la conviction. » (Préface de l'édition de 1822.)

<small>4ᵉ QUALITÉ. — La division doit être courte.</small>

80. La division doit être *courte*. On ne doit mettre ordinairement que deux parties dans le discours, rarement trois, jamais quatre. Quand on divise trop, les parties n'ont pas assez d'étendue et on ne fait qu'effleurer les matières, ou, si on les traite plus amplement, on est trop long et on fatigue l'auditoire. Il ne faut pas se laisser séduire par l'usage de rapporter certains sujets à trois points ordinaires, comme la foi, l'espérance et la charité, ou d'autres divisions semblables qui paraissent naturelles et qui entraînent ordinairement au-delà des bornes. Il est facile de trouver une division en deux membres principaux auxquels toutes les preuves peuvent se rapporter.

<small>5ᵉ QUALITÉ. — La division doit être progressive.</small>

81. La division doit être *progressive*. « Il importe beaucoup, dit Maury, d'observer dans la distribution du plan une graduation marquée, pour assurer, ou plutôt pour augmenter toujours

l'intérêt des faits, la progression des preuves, la force du raisonnement et la véhémence des mouvemens oratoires. Il est aussi rare que difficile de faire les deux parties d'un sermon égales en beauté, parce qu'elles n'offrent presque jamais les mêmes ressources à l'imagination de l'orateur. Mais la seconde, si le sujet s'y prête, doit l'emporter sur la première : c'est la méthode de nos grands maîtres.

« Il est manifeste que l'éloquence déchoit toujours quand elle cesse de s'élever ; c'est donc au second membre de la division, habilement combiné pour distribuer avec art l'intérêt progressif du sujet, qu'il faut réserver les raisons les plus triomphantes et les sentimens les plus pathétiques. La marche de Cicéron, dont les plans sont très-nets et très-oratoires dans toutes ses harangues, quoiqu'il les énonce rarement dans l'exorde, sa marche, dis-je, est très-favorable à l'accroissement de ses preuves, et l'oblige de se surpasser continuellement par de nouveaux efforts, à mesure qu'il avance dans les difficultés de sa matière. Ouvrez ses plaidoyers : il nie d'abord le fait qu'on lui oppose, et ensuite il prouve qu'en le supposant vrai on n'en pourrait rien conclure contre son client. J'avoue qu'il est très-rare de pouvoir suivre cette marche didactique dans nos chaires, où les discussions morales ne sont jamais problématiques, et où la conscience, qui ne ment jamais, ne saurait contester la vérité à ses remords. Bourdaloue cependant oppose souvent cette logique pressante aux excuses ou aux prétextes de la faiblesse et de la mauvaise foi. Plus nous imiterons cette méthode, plus nous approcherons de la perfection. »

Fénelon la recommande comme une règle essentielle. Pour toucher, il veut qu'on mette chaque vérité dans sa place, et qu'on les enchaîne tellement, que les premières préparent aux secondes, que les secondes soutiennent les premières ; et que le discours aille toujours en croissant, jusqu'à ce que l'auditeur sente le poids et la force de la vérité.

Il doit y avoir progression dans la lumière comme dans l'intérêt des objets. Comparaison.

82. Il doit y avoir du progrès, non-seulement dans l'intérêt des objets, mais aussi dans la lumière qui les montre à l'intelligence (1). Faisons

---

(1) Il faut, comme nous l'avons dit ailleurs, aller du connu à l'inconnu par degrés, et ne pas présenter trop tôt à la multitude des vérités qu'elle ne comprendrait pas, si l'on n'avait soin de les faire précéder par d'autres qui y préparent les esprits.

sentir cette vérité en rappelant une comparaison que nous avons déjà employée. Le soleil qui doit nous éclairer, ainsi que les objets qui nous environnent, ne se montre pas d'abord à nos yeux. Il est annoncé par l'aurore avant de paraître sur l'horizon. Il se fait pressentir avant de se rendre visible. Il se lève enfin et lance ses rayons au loin comme des traits de feu. La nuit s'enfuit et les différens objets de la nature sortent des ténèbres. L'astre du jour monte enfin peu à peu, répandant par degrés la lumière et la chaleur, jusqu'à ce qu'il domine entièrement et qu'il fasse sentir sa présence dans les plus sombres réduits. De même, il faut que l'orateur, dès l'exorde, présente d'abord l'idée principale, qu'on sente qu'elle va tout éclairer, quoiqu'elle ne soit pas encore développée. Il faut qu'à mesure qu'il entre en matière, tout s'explique, tout s'éclaircisse, et que la lumière de la vérité, aussi bien que la chaleur des passions honnêtes et vertueuses, aillent toujours en croissant comme l'astre du jour, avec cette différence qu'il ne faut pas décliner lorsqu'on est arrivé au midi.

83. Il faut, autant que possible, que la division tende à la pratique. Elle intéresse tou- 6ᵉ QUALITÉ. — La division doit, autant que pos-

sible, tendre à la pratique. jours plus que celle qui se borne à la théorie. La pratique est l'essentiel, et c'est toujours à elle qu'il en faut venir quand l'on veut être solide. Si, par exemple, on parle du salut, il ne faut pas se borner à en montrer *l'importance et la nécessité,* il faut indiquer aussi *comment on doit y travailler.* De même, quand on traite d'une vertu, il faut, dans la première partie, exposer les motifs de la pratiquer, et dans la seconde, montrer comment elle doit l'être et en indiquer les divers degrés.

Manière infaillible de trouver la bonne division d'un sujet. 84. Nous terminerons les règles concernant la division par un avis important sur la vraie manière de trouver celle qui convient le mieux à un sujet. C'est ici un secret de l'art. La division n'est pas la chose à laquelle on doit penser d'abord, quand on veut composer un discours. Il ne faut s'en occuper qu'après avoir étudié sa matière et l'avoir considérée dans toute son étendue. Alors la division se présente d'elle-même, et elle est toujours naturelle. Les grands maîtres non-seulement étudiaient leur sujet avant de le diviser, mais ils jetaient sur le papier leurs pensées, ou du moins ils prenaient des notes. Ils ne s'occupaient du plan qu'après ces opérations préliminaires. Cette marche est dans l'ordre. C'était la méthode de Bourdaloue. Ses *pensées* ne sont que les restes des matériaux qu'il avait préparés pour ses sermons. *Il ne faut pas faire sortir les matières du plan, mais tirer le plan des matières qu'on a sous ses yeux.* C'est un principe qu'il faut bien retenir (1) :

85. Pour ce qui regarde la subdivision des parties, on suit en général les mêmes règles que pour la division du tout. Ajoutons ici quelques règles spéciales. Observons d'abord qu'il n'est pas toujours nécessaire d'annoncer les subdivisions. C'est surtout à ce qui les regarde qu'on peut appliquer les principes de Fénélon sur les divisions. (V. chap. VI, n°ˢ 9 et 10). On peut

<small>Des subdivisions. Il n'est pas toujours nécessaire de les annoncer.</small>

---

(1) « Je ne puis m'empêcher, dit le P. Aquaviva, de relever ici l'erreur grossière de quelques-uns qui, après avoir formé dans leur tête un plan de sermon tel quel, et avoir déterminé les idées qu'ils veulent y faire entrer, parcourent les saints Pères (ou d'autres auteurs), uniquement pour trouver de quoi appuyer leurs propres imaginations. Ne serait-il pas bien plus utile et plus convenable que nous puisassions, dans ces sources augustes, les eaux dont nous arroserions ensuite les cœurs de nos auditeurs, en nous formant à l'école des saints Pères, en nous remplissant de leurs pensées solides et profondes, et en apprenant d'eux, et les vérités qu'il importe de faire connaître, et la manière dont il faut les développer? »

leur donner plus de deux et même plus de trois membres, sans cependant pousser trop loin cette liberté.

Difficulté de donner des règles fixes pour la disposition particulière des preuves.

86. Il n'est guère possible de donner des règles fixes pour la disposition particulière des différentes preuves que renferment les subdivisions. « Si ces règles sont générales, dit Abélly, elles sont obscures, et on ne peut en faire l'application; si elles sont particulières, cela ne conduit que dans un petit nombre d'occasions : et il faudrait se contenter de ce que l'orateur romain dit si à-propos, que c'est la sagesse qui est le fondement de l'éloquence, et que c'est au bon jugement de celui qui parle, de mettre devant ou derrière ce qui est nécessaire pour arriver à la fin, qui est de persuader. Car il arrive souvent qu'il faut commencer certains discours par les mêmes raisons qui feraient très-bien la fin d'un autre, selon la diversité des matières, des personnes, des temps et des lieux. De décider, par exemple, quand il faut rapporter les effets pour remonter à la cause, ou, au contraire, quand il faut expliquer le général pour descendre au particulier, c'est ce que je ne puis pas faire ici, il n'y a que la prudence de l'auteur qui le puisse déterminer. Il n'est pas même

jusqu'à la morale, qu'il est quelquefois très-bon de poser la première, et de venir ensuite à rapporter les principes sur quoi on la fonde : de même que, dans les panégyriques, il est bon quelquefois d'établir une vertu, et en faire ensuite l'application au saint; quelquefois aussi il est meilleur de proposer d'abord une belle action, et de prendre par-là occasion de relever la vertu. »

S'il n'est pas facile de donner des règles précises sur le détail des preuves, il est possible cependant de faire sur plusieurs points particuliers des observations qui peuvent être utiles aux orateurs chrétiens. Présentons-en quelques-unes dont ils pourront profiter.

87. Disons d'abord quelque chose sur l'ordre qu'on doit donner aux preuves considérées sous le rapport de leur force. « Tous les maîtres de l'art, dit l'auteur que nous venons de citer, ont donné pour une règle générale, de disposer tellement les argumens, que l'on en donne d'abord de forts, qu'on réserve les plus puissans et les plus invincibles pour la fin, et que l'on mette au milieu ceux qui ne seraient pas assez bons par eux-mêmes, s'ils n'étaient soutenus par ce qui précède et par ce qui suit. C'est ainsi que Quin-

Ordre des preuves selon leur force.

tilien les range, *fortiora, fortia, fortissima* (1). La raison que Cicéron apporte de cet ordre, c'est que l'esprit de l'auditeur qui désire l'éclaircissement d'une proposition aussitôt qu'elle lui est présentée, la méprise, s'il n'en voit pas de bons fondemens, et l'on a ensuite bien de la peine à le faire revenir de cette prévention, que la proposition n'est pas bonne. Il faut donc contenter d'abord les esprits; et, comme on remporte ordinairement ce que l'on entend le dernier, qui n'est point effacé par de nouvelles espèces, il est très-avantageux, dit Grenade, de mettre le plus fort et le meilleur à la fin, comme la dernière main et ce qui termine heureusement toutes les indélibérations de l'auditeur. »

Il faut savoir se borner dans le nombre des preuves.
88. Quelque bonnes que soient les preuves, il faut prendre garde de trop les multiplier sous prétexte de faire un discours bien rempli. La solidité ne consiste pas à faire un amas de raisons, d'autorités, d'applications, d'exemples et de

---

(1) Le mieux est de se borner aux premières et aux dernières, et de laisser celles du milieu. Un petit nombre de preuves, bien choisies et bien présentées, valent mieux qu'un grand nombre parmi lesquelles il s'en trouve de faibles, parce que certains auditeurs retiennent souvent plutôt celles-ci que les autres.

pensées de tout genre avec une si grande abondance que les matières se pressent et, pour ainsi dire, s'écrasent mutuellement. Il est impossible, dit Abelly, que l'on puisse mettre tant de choses dans tout leur jour, il faut nécessairement supprimer beaucoup de ce qu'on devrait étendre davantage pour persuader ; cela fait que les discours les plus remplis de matières sont ordinairement les plus vides de fruits.

89. Le même auteur, parlant de la *plénitude du sermon*, fait à ce sujet des réflexions très-judicieuses. « Il faut avouer humblement cette vérité, dit-il, que c'est faire à l'esprit humain plus d'honneur qu'il ne lui en appartient, lorsqu'on le croit capable de tirer tout le profit que se propose un prédicateur, qui serre et qui presse une infinité de bonnes choses qu'il a conçues à loisir dans toute leur étendue, et qu'il a ensuite, avec beaucoup d'étude, réduites à fort peu de termes. Il ne faut point se flatter qu'un discours si rempli ait un grand effet, pour plusieurs raisons. Premièrement, il y a fort peu d'auditeurs capables de développer tout ce qui est renfermé dans ces fortes périodes, et tout le reste de l'auditoire ne voit que ce qu'on lui montre à découvert; encore lui en échappe-

Inconvénient de la trop grande abondance des matières.

t-il beaucoup. Cependant il est certain que c'est bien plutôt pour les ignorans qu'on prêche, que pour les savans, et que c'est pour instruire, et non pour se faire admirer. En second lieu, je soutiens que les plus intelligens même dans la prédication n'entrent pas dans toutes les pensées, lorsqu'elles sont toujours nouvelles et toujours continuelles : on s'imagine qu'à cause que l'on n'a point cessé de comprendre, on n'a rien laissé passer que l'on n'ait compris ; mais il arrive tous les jours que, si l'on vient à lire ou à entendre encore une fois le même discours, on y trouve bien des choses auxquelles on n'avait point fait de réflexion. De plus, quand même on concevrait tout à mesure qu'il passe, ce n'est pas assez de ce jugement spéculatif, qui dit à chaque raison, *cela est vrai, cela est vrai;* il faut encore un jugement pratique, et que la volonté consente à faire ce qui est proposé, *oui, je vais faire ce qu'on me dit.* Or, il est impossible qu'un même esprit soit capable de deux opérations en même temps ; et, comme la multitude de pensées le tient toujours dans une continuité d'application directe, il ne peut faire de réflexions, et il se réserve tout au plus à délibérer sur la fin du sermon ; ce qu'il ne fera pas encore, parce qu'il trouvera toujours de quoi spéculer; après quoi il sera fatigué, et d'autres idées l'emporteront ailleurs.

« Troisièmement, on se trompe de croire que c'est assez, pour vouloir faire le bien, que la connaissance en soit arrivée jusque dans l'entendement. On sait bien des choses qu'on ne fait pas, à moins qu'on y soit excité, et c'est proprement l'office de l'orateur de faire vouloir, comme c'est l'ouvrage du logicien de faire connaître. On fait souvent faire à des soldats ce qu'ils n'auraient osé entreprendre, en leur criant *courage*, et un capitaine qui n'aurait daigné dire cette parole, estimant qu'il n'y a pas un soldat qui ne soit persuadé qu'il faut avoir du courage, serait bien blâmable de s'être trop fié au bon jugement de ses troupes. Il est donc très-important de laisser à l'esprit le loisir de réfléchir, de conclure et de se déterminer. »

Pour cela, après s'être adressé à l'esprit des auditeurs pendant un temps suffisant, il faut le soulager en donnant un peu de relâche à l'attention; ce qui se fait en mêlant quelques réflexions que les esprits font déjà d'eux-mêmes, et dont ils peuvent, en quelque sorte, se distraire sans perdre le fil du discours. Ces intervalles, faisant cesser la contention où l'on était, remettent assez pour qu'on puisse aller jusqu'au bout sans se fatiguer. Il est d'ailleurs nécessaire, comme nous l'avons dit, de s'adresser aussi à la volonté par des mouvemens amenés à propos. De cette manière, chaque faculté étant exercée tour à tour, on atteint bien plus sûrement l'effet de la prédication.

Sentiment de l'abbé du Jarry.

90. « Le style le plus serré et le plus sentencieux, dit l'abbé du Jarry, est le plus convenable dans une thèse, mais il n'est pas le plus propre dans un sermon. Saint Augustin n'a pas prêché comme saint Thomas a écrit. Les homélies de saint Jean-Chrysostôme seraient beaucoup moins belles, si elles étaient moins étendues, et ce style diffus qu'on y remarque, et que quelques-uns désapprouvent, en fait la principale beauté, parce qu'il est le plus propre à faire impression sur l'esprit du peuple. L'éloquence de la chaire veut de grands traits, et des choses poussées qui frappent. Les délicatesses échappent, et ne se font sentir qu'à quelques auditeurs. Il en est à peu près comme d'une miniature qu'on regarde de loin ; l'on n'y remarque qu'une confusion de traits et de couleurs qu'on ne distingue point. Les statues qu'on

place sur le frontispice des palais doivent être plus grandes que le naturel, afin que l'éloignement, qui diminue les objets, les présente aux yeux dans la juste proportion qu'elles doivent avoir. Il faut que l'on puisse perdre quelques endroits d'une prédication, sans en perdre la suite, et que l'auditeur, dont l'attention s'égare si souvent, puisse réparer facilement par lui-même ce que la distraction lui a dérobé. »

91. Il faut donc ne choisir dans les notes qu'on a recueillies que les pensées simples, nettes, abondantes et saillantes, et laisser tout le reste. Réunissez les preuves qui forment des *masses*, et donnez-leur l'étendue convenable ; cela vaudra mieux que de rassembler une infinité de petites pensées et d'idées incidentes qui, outre l'inconvénient de mettre la confusion dans le discours, lui ôtent encore sa force. Il n'est pas nécessaire d'apporter toutes les raisons et toutes les autorités qui viennent à l'appui de ce qu'on veut prouver. Il suffit d'exposer les meilleures. C'est le vrai moyen de réussir. *Il faut se borner aux idées simples et abondantes, et leur donner l'étendue convenable.*

92. Quand on fait des *citations* pour appuyer ses raisonnemens, il faut les faire avec beaucoup de discernement. On doit en général se garder de faire étalage d'érudition, en entassant un *Des citations.*

grand nombre de textes. Peu de citations, mais bien choisies et propres à la matière, doivent suffire. Il ne faut pas en faire sans nécessité. Apporter une foule de passages et de témoignages pour prouver une chose assez évidente par elle-même, ou déjà suffisamment établie, comme il arrive à plusieurs de le faire pour montrer leur science, c'est une vanité insupportable.

Les citations doivent être tirées principalement de l'Écriture-Sainte et des saints Pères. Il ne conviendrait pas à un ministre sacré de citer des auteurs profanes. Si cela peut se faire dans certains cas qui font exception, ces cas doivent être extrêmement rares, et il faut bien de la prudence pour les discerner.

<small>Règles pour les citations de l'Écriture-Sainte et des saints Pères.
1re RÈGLE. — Elles doivent être peu nombreuses et courtes.</small>

93. Voici, pour les citations de l'Écriture-Sainte et des saints Pères, les règles qu'on doit suivre.

Il faut premièrement se contenter de citer les passages qui sont nécessaires pour appuyer ce qu'on dit. Un seul quelquefois suffit. On peut en ajouter un second, si on le juge à propos, et même un troisième ; mais il ne conviendrait pas d'aller au-delà, quand c'est pour le même objet. Il y a des exceptions pour certaines matières et pour certains cas (1). L'orateur saura les distinguer. Il faut aussi que chaque citation soit courte. Les longs textes se retiennent difficilement et fatiguent le prédicateur et les auditeurs.

94. Il n'est pas nécessaire de toujours ajouter le latin, soit pour les citations de l'Écriture, soit pour celles des Pères. Quand on le cite dans des sermons, ce n'est que lorsqu'il s'agit de passages très-courts, et qu'on le fait rarement. « A quoi servent des citations latines, « dit saint Liguori, à des gens qui ne le com- « prennent pas? Voyez, ajoute-t-il, les sermons « du vénérable P. Segneri, de l'aveu unanime, « grand maître dans l'art de prêcher; et re- « marquez le petit nombre de passages latins « qu'il a insérés dans ses sermons. » Il faut suivre cet exemple.

<small>2ᵉ RÈGLE. — Ne pas toujours citer le latin.</small>

---

(1) Par exemple, celui d'une controverse où il s'agirait de montrer la perpétuité de la foi sur un point de dogme. Il est alors indispensable de citer plusieurs Pères pour faire voir la tradition constante dans chaque siècle sur l'article dont il s'agit. Pour ne pas être trop long, on cite seulement les principaux. On met ensemble ceux qui s'expriment à peu près de même, en citant seulement celui d'entre eux qui es le plus clair et le plus précis.

3ᵉ RÈGLE. — Ne pas faire les citations sèchement.

95. Il faut en troisième lieu ne pas faire les citations de l'Écriture et des Pères trop sèchement, mais y ajouter les interprétations les mieux appuyées et y joindre, selon l'avis de saint Liguori et la pratique des bons orateurs, des réflexions et des moralités convenables pour les appliquer à la matière que l'on traite et les rendre plus utiles aux auditeurs. Saint Jean-Chrysostôme y excelle, on peut apprendre de lui la vraie manière de le faire.

4ᵉ RÈGLE. — Les traduire et les interpréter fidèlement.

96. Quatrièmement, il faut bien se garder de traduire infidèlement les textes, ou d'en forcer le sens, soit dans l'explication qu'on en donne, soit dans l'application qu'on en fait. « Il faut avoir soin, dit Grenade, dans l'interprétation des sentences que nous rapportons de l'Écriture ou des Pères, non-seulement d'en conserver le sens fidèlement et avec sincérité, mais de l'exprimer encore si bien avec toute la grace et la propriété de notre langue, qu'elles semblent en être nées plutôt que traduites du latin. Il y en a beaucoup qui pèchent contre cette règle; quelques-uns traduisent le latin de telle sorte qu'ils en conservent le tour et la phrase en leur langue même, et ôtent ainsi toute la grace et la beauté des sentences et des meilleures pensées;

car, chaque langue ayant ses propriétés, c'est-à-dire ses tours, ses expressions et ses manières de parler, il faut qu'un traducteur ou un interprète habile qui traduit le latin, en change la propriété en celle de l'autre langue en laquelle il le traduit, en sorte qu'il ne rende pas seulement sens pour sens, mais que la grace et la beauté de l'expression ne soient pas moins grandes dans la version que dans le latin même. Il y en a d'autres qui, pour éviter ce vice, font les rhétoriciens mal à propos, et qui, pour trop s'étendre en paroles, ne conservent ni la force, ni le poids, ni même le vrai sens des passages et des sentences qu'ils rapportent. Ils l'altèrent et le falsifient en y donnant de violentes contorsions. »

Pour ne pas forcer le sens, il faut avoir soin de prendre celui qui se présente de lui-même à l'esprit lorsqu'on s'applique à lire avec une soigneuse attention le texte dans sa source, et en examinant bien ce qui le précède et ce qui le suit, ainsi que les circonstances et les occasions où il a été exprimé. Il faut, en cas de doute, suivre l'interprétation la plus commune dans l'Église et parmi les Pères et les docteurs.

Sentiment de St. François de Sales.

97. M. de Belley, après avoir parlé du respect de saint François de Sales pour l'Écriture-Sainte, ajoute : « Notre saint ne voulait pas qu'un prédicateur se jetât d'abord dans le sens mystique, sans avoir auparavant expliqué le sens littéral : autrement, disait-il, c'est bâtir le toit d'une maison avant le fondement. L'Écriture-Sainte doit être traitée avec plus de solidité et de vénération. Ce n'est pas une étoffe qu'on puisse tailler à son gré pour s'en faire des paremens à sa mode. Quand on avait expliqué le vrai sens de la lettre, alors il permettait d'en tirer des morales et d'en faire des applications ; encore voulait-il que ce fût avec beaucoup de jugement, sans tirer les figures par les cheveux ; autrement il les appelait *des figures défigurées*, et des morales semblables au carillon des cloches, à qui l'on fait dire tout ce qu'on veut.

« Voici, sur ce sujet, un exemple de sa ponctualité. Prêchant un jour devant lui, il m'arriva d'appliquer à la contagion des mauvaises compagnies ce mot du prophète royal : *Vous serez bon avec les bons, et méchant avec les méchans* (1) ; ce qui se dit assez communément.

___

(1) *Cum sancto sanctus eris, et cum viro innocente*

CHAPITRE X. — N° 98.

Je m'aperçus sur-le-champ qu'il n'était pas content, et ensuite, étant seul avec lui, il me demanda pourquoi j'avais donné une telle entorse à ce passage, sachant bien que ce n'était pas là le sens littéral. Je lui dis que c'était par allusion. Je l'entends bien ainsi, reprit-il ; mais du moins deviez-vous dire que ce n'était pas là le sens littéral, puisque selon la lettre il s'entend de Dieu, qui est bon, c'est-à-dire miséricordieux envers ceux qui sont bons; et mauvais, c'est-à-dire sévère envers ceux qui sont mauvais, punissant du mal de peine ceux qui commettent le mal de coulpe (1). Jugez de là combien il était exact quand il traitait la divine parole, puisqu'il l'était si fort envers les autres, lui qui était incomparablement plus indulgent aux autres qu'à lui-même. »

98. Le plan étant arrêté et les preuves choisies d'après les règles que nous venons d'exposer, on dresse un *tableau* particulier qui présente aux yeux le sujet sous le rapport qu'on

Ce qu'il faut faire après avoir arrêté son plan et choisi ses preuves.

---

innocens eris, et cum electo electus eris, et cum perverso perverteris. (Ps. 17, v. 26 et 27.)

(1) Voyez tom. 1er, page 459. (La note.)

veut le traiter (1). Ce tableau guidera dans la rédaction dont nous allons parler. Il faut en même temps mettre à part les notes qui se rapportent à ce tableau, afin de recourir soit aux auteurs indiqués, soit aux articles du cahier de composition. Il est possible qu'en écrivant le discours, on voie la nécessité de changer quelque chose dans l'ordre du tableau, parce que le travail de la composition fait mieux voir les divers rapports des parties entre elles. Ce dérangement n'aura guère lieu que dans les détails secondaires; les principales divisions y seront rarement sujettes.

Que le choix des notes soit nécessaire, c'est ce dont on ne peut douter. On a rassemblé des pensées sur tout le sujet, d'après ses lectures et ses propres réflexions. Il est impossible qu'on l'embrasse tout entier dans un discours. Il faut nécessairement se borner. Nous l'avons dit : *un sermon n'est pas un traité*. Que M. de La Lu-

---

(1) On peut y indiquer les principaux mouvemens, les tours, les formes les plus convenables à donner à certains passages, pour mieux atteindre son but. Les notes qu'on a faites sur ces différens objets aideront beaucoup pour ces indications.

zèrne épuise un sujet dans ses *Considérations sur divers points de la morale chrétienne*, ou qu'il développe tout au long le texte des Évangiles, il n'a jamais pensé à donner ses *Considérations* pour des *discours*, ni ses *Explications des Évangiles* pour des *prônes*. Son but a été de fournir aux pasteurs des matériaux pour y puiser le fond de leurs instructions, et aux fidèles des sujets de lecture. Le prédicateur doit profiter de son travail, mais non l'imiter dans la forme qu'il lui a donnée. Elle convenait à son but, elle ne convient pas à celui que le prédicateur doit avoir.

99. Il y a, dira-t-on, dans les notes qu'on rejette d'excellentes choses dont on regrette de ne pas faire usage. Il en coûte de les laisser pour suivre son plan. Nous avons déjà dit, en citant les *Pensées du P. Bourdaloue*, qui sont, si je puis m'exprimer ainsi, des *rognures de sermons*, qu'on pouvait mettre ce qu'on laissait en réserve dans ses cahiers pour en faire usage au besoin. Il ne faut donc pas se laisser aller à la tentation qui porte à mettre dans son discours des pensées qui sont bonnes, des morceaux même frappans, mais qui n'y conviennent nullement et qui pourront servir ailleurs. De cette

Ce qu'on doit faire des notes qui ne sont pas employées.

manière on ne perdra point le fruit de son travail. On retrouvera dans l'occasion ce qu'on aura classé dans ses recueils, et tout aura été utile.

De la rédaction. 100. Nous voici enfin arrivé à la quatrième opération de la composition, qui est *la rédaction* du discours ou de l'ouvrage. Toutes les opérations qui précèdent ont eu pour but d'y préparer. Lorsque par l'étude la mémoire est abondamment pourvue de pensées sur le sujet qu'on veut traiter, et que les matières sont en quelque sorte sous les yeux par le moyen des notes, il est temps de prendre la plume pour développer le plan qu'on s'est tracé.

De l'essai de composition. 101. Si l'on n'a pas le temps de faire un développement complet, on se contente d'un simple *essai*, c'est-à-dire d'un demi-développement qui peut suffire dans la circonstance où l'on se trouve. Hors le cas de nécessité, il est bon d'écrire son discours tout au long, surtout quand on commence à exercer le ministère de la chaire. Ce soin sert à former le style et à donner plus de facilité pour trouver la manière de s'exprimer. Alors même qu'on n'écrit pas tout, il y a certaines parties qu'on doit mettre sur le papier telles qu'elles doivent être prononcées. Ces parties sont ordinairement celles qui contiennent des formes particulières qui doivent être prévues et préparées d'avance. Il ne faut laisser à l'improvisation que les développemens faciles à faire quand on possède sa matière et qu'on a un peu d'exercice.

102. Il faut, en écrivant, avoir toujours son but présent et ne jamais le perdre de vue. Ce sera le moyen de ne pas s'égarer dans des développemens étrangers à son sujet ou qui n'y tiennent que de loin. Ces écarts détruisent l'unité du discours et lui ôtent sa force, ou du moins la diminuent. Tout ce qui est hors-d'œuvre, quelque bon qu'il soit, nuit à l'ensemble et empêche l'effet. Écoutons Abelly sur cet article. « Après avoir formé et entrepris de prouver une proposition (l'idée générale), il faut, dit-il, la poursuivre dans toute sa formalité, c'est-à-dire dans le sens le plus exact et le plus formel, selon qu'on se l'est proposé, et prendre garde de ne s'en écarter jamais, soit dans l'exorde, soit dans la division, soit dans les preuves, soit dans la péroraison ; mais que l'on voie partout que l'orateur demeure dans le même genre de discours et qu'il n'a qu'un seul but. Il arrive souvent que l'on s'attache à

Il faut, en écrivant, ne jamais perdre de vue son but.

une partie de la proposition, qui n'est pas celle dont il est question, et l'on prouve quelquefois le sujet lorsqu'il faudrait prouver l'attribut. Par exemple, dans le genre moral, ces propositions sont fort différentes : *Il faut faire pénitence, il ne faut pas différer la pénitence, il faut que la pénitence soit rigoureuse.* Si l'on n'y prend garde, on les confondra. Dans la première proposition, il ne s'agit uniquement que de *la nécessité,* et non pas de la pénitence en général ; dans la seconde, il s'agit de *la promptitude,* et dans la troisième de *la rigueur.* De sorte que, si l'on parle de la rigueur lorsqu'on doit parler de la nécessité, la preuve n'est pas droite. Si alors on fait quelque impression, ce n'est que par hasard, et comme on dit en logique, *vi materiæ.*

« Je ne dis pas qu'il faille scrupuleusement s'abstenir de tout ce qui approcherait de la preuve d'une autre proposition, car il se peut faire qu'il soit aussi fort utile à la vôtre ; mais je dis que votre choix doit être si droit, que vous n'admettiez rien que ce qui vient directement à votre sujet, et que vous évitiez avec soin la manière de quelques jeunes prédicateurs, qui, épouvantés par les difficultés, et par la défiance qu'ils ont de leurs propres forces, amassent tout ce qu'ils peuvent recueillir à peu-près conforme au sujet de leur proposition, et qui arrangent tout sans prendre garde qu'ils ont entrepris de n'en traiter qu'une seule modification. Comme dans les propositions précédentes, on entasse tout ce qu'on a sur la pénitence en général, ou sur toutes les parties de la pénitence indifféremment, sans s'apercevoir que l'on a seulement dessein d'en persuader la promptitude ou la rigueur; et c'est beaucoup affaiblir son discours que d'y mettre tant de choses qui ne viennent pas si à propos. C'est encore plus mal fait de prendre le change dans la proposition tout entière, comme de prouver la nécessité du salut, lorsqu'on a promis la promptitude de la pénitence. On sait bien qu'on ne demande une prompte conversion que pour faire son salut : mais, quoique l'un soit la cause de l'autre, l'un n'est pas l'autre; et, quoique la pénitence fasse faire le salut, on le peut encore, absolument parlant, faire par une autre voie, qui est l'innocence; et ainsi la preuve n'est pas droite, puisqu'en parlant de la pénitence, vous ne devez songer qu'aux pécheurs comme tels. Mais le salut regarde tous les hommes entre lesquels plusieurs persévérèrent dans l'innocence qu'ils ont reçue au baptême.

« De même, quand on traite d'une vertu, il faut bien distinguer ce qui est de précepte et ce qui est de perfection ; ce qui est d'obligation et ce qui est de conseil. Car, lorsqu'on confond tout cela, on ne prouve rien du tout, parce qu'on se met en danger de prouver trop. Par exemple, on ne peut jamais prêcher utilement de l'humilité, si l'on veut obliger tout le monde à la perfection de cette vertu. Il faut la distinguer, et dire comment chaque état la doit pratiquer. »

Ce qu'on doit faire quand, en rédigeant, il se présente à l'esprit des idées indirectes.

103. Il est rare qu'en écrivant sur une matière, il ne se présente pas à l'esprit une foule d'idées qui n'y viennent qu'indirectement (1). Si ce sont de ces idées ordinaires et communes qui reviennent facilement à la mémoire, il faut les laisser et continuer son chemin en droite

---

(1) Toutes les vérités ont des rapports plus ou moins éloignés, parce qu'elles sont les parties d'un tout qui est tout à la fois un et multiple à l'infini, c'est-à-dire que la vérité, qui est une, a des combinaisons innombrables. Il faut une intelligence infinie pour l'embrasser tout entière. Les intelligences bor-

ligne. S'il se présente des idées lumineuses, des aperçus frappans ou des tournures qui donnent de l'énergie et de la force à des idées communes, il est bon de les écrire, quoiqu'elles soient étrangères au sujet ou qu'elles n'y aient qu'un rapport éloigné; mais il faut que cette rédaction se fasse sur le cahier des grandes notes (celui dont nous avons parlé), et non sur celui dont on se sert pour le brouillon du discours. De cette manière, on ne perd rien de ce que le travail de la composition fait éclore de bon. On fait de même s'il vient des idées sur le sujet, mais qui conviennent à une autre partie du discours qu'à celle dont on s'occupe actuellement. Après avoir soulagé sa mémoire en rédigeant à part ce qui s'est présenté, ou du moins en prenant des notes pour ne pas oublier ce qui peut être utile, on continue sa marche en fixant toujours les yeux sur son dessein principal, comme nous l'avons recommandé.

---

nées ne saisissent que des rapports limités. Pour ne pas confondre les objets, il faut les voir avec méthode et bien distinguer les idées qui sont du même genre. Elles ont une sorte de génération naturelle qu'il faut suivre en allant toujours à celles qui sont les plus directes et qui mènent plus droit au but, sans dévier ni à droite ni à gauche.

De la liberté de la composition.

104. Il faut, pendant la composition, une certaine liberté qui nous permette de suivre le genre qui nous convient le mieux. Sans cela nous ne ferons rien de bon. Je ne veux pas dire qu'il faut oublier les règles et s'en écarter; mais, sans les oublier, on peut les suivre, pour ainsi dire à son insu, et naturellement de la même manière que l'on écrit, sans faire réflexion de quelles lettres ou de quelles syllabes on se sert, ou que l'on parle sans penser aux règles de la prononciation. On a appris la grammaire, on s'est exercé à tracer des caractères sur le papier; mais, une fois qu'on a pris l'habitude de parler et d'écrire, on ne pense plus aux règles, et cependant on les observe. Il faut qu'il en soit de même pour la composition. On a fait sa rhétorique, on a étudié sa matière, on s'est tracé un plan; il faut, quand on tient la plume et qu'on rédige, que tout cela s'oublie en quelque sorte, et que cependant on suive les règles du bon goût et qu'on aille droit à son but sans s'en écarter. Sans cela notre composition sentira le travail, et elle perdra ce naturel qui doit en faire l'agrément.

De la verve oratoire et de la sécheresse.

105. Il y a pendant la composition deux situations bien différentes. Les grands écrivains eux-mêmes s'y sont trouvés. « Tous assurent, dit M. Pérennès, qu'il est pour eux certains momens de verve et d'heureuse rencontre, où la plume ne peut suivre la rapidité de l'esprit, et où l'on écrit sans interruption, comme sous la dictée d'un être supérieur. On fait alors bien et facilement ; on ne produit pas, on reçoit. Il y en a d'autres, au contraire, où tout semble tari et desséché dans l'intelligence. Pas une idée, pas un mot qu'il ne faille arracher avec peine. Voyez une fontaine : à certains jours, l'eau en est basse et bourbeuse ; mais attendez les rosées du ciel, vous verrez la source couler à pleins bords, et elle vous offrira une onde aussi transparente que l'air. » Voilà l'image des deux situations où se trouvent quelquefois ceux qui composent. L'art est ici impuissant. On peut bien préparer son esprit, remplir sa mémoire de connaissances, et essayer d'échauffer son imagination, et malgré cela rester froid et stérile. La verve oratoire, pas plus que la verve poétique, n'est point l'effet de l'art qui ne sert qu'à la favoriser, à l'entretenir et à la diriger (1). Elle vient de plus haut, elle vient d'une

---

(1) Il est bon cependant d'observer que, lorsqu'on n'a pas de dispositions contraires, les moyens humains

lumière soudaine qui, toute surnaturelle qu'elle est dans sa source, paraît au dehors avec tous les caractères particuliers de l'individu qui lui sert de canal. Elle vient, dans l'envoyé de Dieu, d'un feu divin qui embrâse son cœur, d'une foi vive, d'une ardente charité qu'il puise dans l'oraison, au pied des autels ou du crucifix.

Ce qu'on doit faire dans la sécheresse.

106. Nous savons qu'on peut être dans la sécheresse malgré la prière et la sainteté. L'esprit de Dieu souffle où il veut et quand il veut. Il ne faut pas dans ces momens se décourager, mais remettre son travail à un autre temps. Il est bon, quand on a fait quelques efforts et que la sécheresse persiste, de se dissiper un peu et de faire diversion à ses idées. S'obstiner alors, ce serait se fatiguer à pure perte, et ce qu'on ferait ne vaudrait rien, ou du moins se sentirait des efforts avec lesquels on l'aurait produit. On ne perdra rien en interrompant. L'esprit

---

excitent quelquefois le génie des écrivains et des poètes, et le font sortir du sommeil où il était plongé. La lecture d'un morceau sublime, la vue d'une cérémonie imposante, le son des instrumens ont souvent cet effet. Il y a des imaginations froides qui ont besoin, pour s'échauffer, des moyens extérieurs et sensibles.

travaille même la nuit à ce qu'on a à cœur, et ce qui ne vient pas dans un moment sort quelquefois avec impétuosité et abondance dans un autre.

Il y a une sécheresse qui n'est qu'un engourdissement et un sommeil de l'esprit ; il faut alors le stimuler et l'exciter. On écoute trop une certaine paresse qui vient du sentiment des difficultés. L'esprit est dans les ténèbres, ou du moins les choses qu'on a lues y sont dans la confusion. On ne sait par quel point commencer. Si l'on prend quelquefois la plume, on la rejette bientôt parce que les choses ne viennent pas comme on voudrait. L'esprit est pour ainsi dire dans les travaux de l'enfantement. Ayez le courage de ne pas vous rebuter si promptement. Surmontez les premiers dégoûts et restez au bureau malgré l'ennui qui vous porte à tout laisser là. Si, en vous y prenant d'une manière, les choses ne viennent pas, ou si les mots que vous écrivez n'expriment pas bien votre pensée, laissez la phrase commencée et écrivez-en une autre. A force de chercher le passage pour pénétrer dans la matière, vous le trouverez, et à force de chercher la bonne manière d'exprimer ce que vous pensez, elle se présentera à vous (1). Alors, votre esprit étant échauffé, vous verrez avec étonnement les choses couler comme de source, et vous n'aurez plus que l'embarras du choix.

---

(1) Il faut s'interroger soi-même et se demander ce qu'on veut dire. Cette interrogation intérieure fait quelquefois trouver ce qu'on cherche en forçant l'esprit de préciser ses idées. « Pourquoi, dit Maury, ne découvre-t-on rien dans certains momens? Parce qu'on ne sait réellement ni où l'on veut aller, ni ce qu'on cherche. C'est ici une poétique d'expérience qu'on apprend tous les jours dans l'art et l'habitude d'écrire. On se croit dans une léthargie de stérilité : on est seulement au milieu d'un désert et d'un nuage. Vous vous plaignez d'éprouver, à chaque membre de vos périodes, une nouvelle difficulté, pour rendre exactement votre pensée? Quand votre plume s'arrête, ne poursuivez plus l'expression qui la fuit : remontez plutôt à votre première intention oratoire : demandez vous-même à votre esprit ce qu'il se propose de développer, et son hésitation vous apprendra qu'il ne le sait pas bien. Les mots, dit Horace, viennent se présenter d'eux-mêmes à l'écrivain qui a bien médité son sujet.

Cui lecta potenter erit res,
Nec facundia deseret hunc, nec lucidus ordo.

Boileau, son imitateur, a dit :

Ce que l'on conçoit bien s'énonce clairement,
Et les mots, pour le dire, arrivent aisément.

CHAPITRE X. — N° 107.

107. Il y a des prédicateurs qui ne peuvent composer que lorsqu'ils sont pressés par le temps, d'autres qui ne trouvent les choses que dans l'action même (1). On cite le P. de Mac-Carthy pour ce dernier cas. Un attrait naturel l'entraînait vers le ministère de la parole : mais le travail de la composition était pour lui une des plus rudes épreuves et un véritable supplice. Voici comment il s'en explique lui-même à la comtesse de Mac-Carthy, sa mère.

De certains prédicateurs, et spécialement du P. de Mac-Carthy.

Bordeaux, le 8 juillet 1821.

MA CHÈRE MÈRE,

« Il y a bien long-temps que je n'ai eu la consolation de vous écrire. Vous vous en plai-

---

(1) « On trouve quelquefois, dit l'abbé Dinouart, des hommes qui parlent mieux qu'ils n'écrivent. Ils paraissent en public, après une préparation générale et quelques heures de réflexion : alors, supérieurs à eux-mêmes, ils plaisent plus que dans les autres discours qu'ils ont travaillés avec soin ; leur auditoire les inspire... Heureux ceux qui ont l'esprit méthodique, le jugement prompt pour saisir le vrai ; qui sont assez maîtres de leur imagination pour placer un raisonnement en son lieu et écarter celui qui se présente, quand il est hors d'œuvre, pour analyser leurs réflexions et conclure à propos ! » Le P. de la Valette, général de l'Oratoire, avait ce talent.

gnez peut-être; et moi j'en gémis. Mais vous savez si je suis le maître de faire ce qui me serait agréable, et si je dois me dévouer aux saintes obligations qui me sont imposées. Je ne veux pas vous contrister en vous disant que mon travail n'a presque rien produit jusqu'à présent, et que je ressemble à un esclave attaché à une meule qu'il tâche de tourner par de grands efforts, mais qu'il ne remue pas. Il y a quelque chose de singulier en moi, que j'ai remarqué toute ma vie, que je ne comprends point, et qui est sans doute une disposition de la providence pour m'humilier : c'est qu'il m'est à peu-près impossible de rien faire à l'avance; il faut que le moment de prononcer un discours approche, pour que je sois en état de le faire. Jusque-là je n'ai ni force, ni chaleur, ni faculté de m'appliquer à mon sujet. Je me fatigue et me tourmente en vain pour tâcher de saisir mes idées qui s'échappent et voltigent autour de moi, sans que je puisse les atteindre ni les rassembler : elles ne se livrent et ne sont à moi que lorsqu'enfin il me reste à peine assez de temps pour leur donner un corps et les revêtir à la hâte de quelques couleurs. Je n'avance pas dans mes discours, et je n'ose m'occuper d'autre chose, de peur d'avoir des distractions à me reprocher. Ainsi, le temps se perd, et si je gagne quelque chose à ce stérile travail, c'est qu'il est au moins une bonne pénitence. C'est pour essayer de tirer mon esprit de cette langueur, que j'ai quelquefois prêché depuis mon séjour ici; mais ce moyen ne m'a pas mieux réussi que les autres. S'agit-il de parler sans avoir écrit, aussitôt je m'enflamme, la veine s'ouvre, et il me semble que voilà la fécondité revenue. Faut-il ensuite reprendre la plume? tout s'éteint, se dessèche, et ma stérilité se trouve la même qu'auparavant. C'est dans cet état que j'ai passé, l'année dernière, cinq mois à L*** : il est probable qu'il m'en arrivera autant cette année; mais après tout, pourvu que la volonté de Dieu s'accomplisse, tout est bien.... »

« Dans cet état de sécheresse et comme d'anéantissement d'esprit, sa ressource ordinaire était de s'humilier en présence de Dieu. Il se jetait à genoux devant son crucifix, il priait quelque temps les bras étendus en croix; ou bien il se prosternait la face contre terre. «Jamais, disait-il lui-même, je ne me suis relevé sans me sentir rempli d'une force toute nouvelle. » Dieu ne laissait point son humilité sans récompense. Souvent même il lui arriva d'être soudainement saisi d'une vive et puissante émotion, et si fortement pénétré au fond du cœur des vérités de la religion, que les larmes coulaient de ses yeux en abondance. Aussi assurait-il que ces sortes d'épreuves étaient pour lui un gage infaillible de succès, et que jamais le ciel ne bénissait sa prédication si elle n'avait été précédée de quelque humiliation de ce genre. » L'auteur de la *Notice Historique* (1) d'où nous tirons ces détails, rapporte un fait que nous ne voulons pas passer sous silence. Un jour qu'il devait prêcher aux Tuileries, il se trouva surpris par ses sécheresses accoutumées. L'heure fixée pour le sermon approchait, et aucune idée ne se présentait à son esprit. Le supérieur, auquel il exposait son embarras, lui ordonna d'aller prendre du repos sur son lit et de ne plus s'occuper de son discours. Il obéit. Il ne se leva que pour monter en voiture, et parut en chaire sans aucune préparation. «C'est la fois, disait-il ensuite, c'est la fois que j'ai le moins mal prêché. »

Observations.   108. Ce succès fut la récompense de son

---

(1) Elle se trouve en tête de ses sermons.

obéissance. Ceux qui, abusant de cet exemple, attendraient toujours à la dernière extrémité pour se mettre au travail, ou qui monteraient en chaire sans avoir écrit, ne pourraient être excusés de témérité. Les supérieurs du P. de Mac-Carthy, qui connaissaient son talent pour l'improvisation, purent l'envoyer aux Tuileries avec la confiance fondée qu'il réussirait. L'événement a justifié leur confiance. C'est une chose indubitable (l'expérience l'a démontré plus d'une fois), que plus on est habile à improviser, plus on a de difficulté pour la composition calme du cabinet. Comment cela se fait-il? Il n'est pas aisé de l'expliquer.

Il serait téméraire de compter sur le succès en se hasardant sans avoir le talent et les vertus du P. de Mac-Carthy, et sans se trouver comme lui dans la nécessité d'obéir. Ceux qui comptent sur leur facilité et sur quelque succès qu'ils ont eu, pour se négliger dans la préparation, ont grand tort. Puisqu'ils ont de la facilité pour composer lorsqu'ils veulent s'en donner la peine, pourquoi attendre au dernier moment pour écrire, pourquoi s'aventurer si souvent sans préparation? Cette témérité est punie tôt ou tard. Comme on n'est pas toujours bien disposé, il arrive des momens de stérilité où l'on échoue. A la vérité on ne reste pas court, mais on ne se tire d'affaire que par des lieux communs qui ennuient les auditeurs et les empêchent de tirer profit des instructions. Il vaut donc mieux prendre la peine de se préparer toujours que d'échouer une seule fois.

Ce qu'il convient de faire quand on est dans la nécessité de prêcher pendant la sécheresse.

109. Quand on se trouve dans la sécheresse et que le devoir ou les circonstances obligent de prêcher sans qu'on puisse remettre par défaut de temps, ni se faire remplacer, il faut alors faire de son mieux et compter sur l'assistance du ciel. Comme il n'y a pas de sa faute, ce n'est pas tenter Dieu que d'espérer son secours dans ce cas. Mais dans cette nécessité même il faut prendre une précaution qui est toujours possible et sans laquelle il serait téméraire de parler en public. Il faut rassembler les principales idées qui se présentent sur le sujet, soit qu'on les écrive ou non, et les mettre en ordre en y joignant les accessoires convenables, de manière à se former une sorte de plan qui empêche de divaguer. Un orateur qui a les connaissances ordinaires et une facilité médiocre peut toujours s'en tirer passablement. Il faut, dans ce cas, dire peu et bon. Il arrive quelque-

fois qu'on se trouve en veine au moment du débit. On peut alors laisser son plan et suivre l'heureuse inspiration qui survient en veillant sur soi-même pour ne pas trop s'écarter de l'idée principale qui fait le fond du sujet. Nous sommes persuadés que le P. de Mac-Carthy ne négligeait point cette mesure, que la prudence conseille et que la stérilité la plus grande ne rend jamais impossible. On peut, pour plus grande précaution, s'essayer mentalement à l'avance selon la mesure du temps qui reste. Si la sécheresse persiste lorsqu'on est en chaire, il faut s'en tenir à son canevas, et développer le mieux qu'on pourra les idées principales qu'il contient. On en dira toujours assez pour l'édification des auditeurs et pour l'accomplissement de son devoir. Il faudrait être bien dépourvu de moyens et de connaissances pour ne pas pouvoir parler passablement pendant quelques minutes.

Si, dans les cas de nécessité, on peut monter en chaire avec un simple plan, il ne faut pas s'en faire une habitude, parce qu'il en résulterait un inconvénient grave dont nous avons déjà parlé plus haut. On s'accoutumerait à ne donner à ses auditeurs que des lieux communs. On tournerait nécessairement dans le même cercle d'idées, et on finirait par *s'user*, parce que les connaissances d'un homme, quelles qu'elles soient, étant bornées, il en trouve le terme à un temps donné. On manquerait le but de la prédication, qu'on ne peut atteindre qu'en donnant quelque chose de spécial et de propre aux auditeurs, ce qui ne peut se faire *quand on parle pour parler*, comme font malheureusement un trop grand nombre qui perdent, dans des visites ou des occupations oiseuses, un temps qu'ils devraient employer à préparer leurs instructions. Est-il étonnant que leurs paroissiens se dégoûtent de la parole de Dieu quand elle leur est annoncée avec si peu de soin?

<small>De la seconde composition qui a pour objet la forme ou le style.</small> 110. Quand on ne se trouve pas dans les cas de nécessité dont nous venons de parler, il faut écrire entièrement son discours. Cette méthode est la plus sûre et la plus avantageuse. La rédaction du discours étant achevée d'après le plan qu'on s'est tracé et avec le secours des notes, il faut, si l'on veut faire quelque chose de bon, procéder à une *seconde composition* (1).

---

(1) Il n'est pas nécessaire pour cela de récrire tout de nouveau son discours. Il suffit, en repassant sa copie, de voir ce qui est à changer dans les formes, et

La première a eu pour but spécial ce qui doit faire le fond du sermon. Une fois que ce fond est trouvé, il faut s'occuper de la forme, c'est-à-dire du style. On ne l'a pas sans doute négligé en écrivant la première fois, car il n'est guère possible qu'en jetant ses pensées sur le papier, on ne se soit occupé en même temps de les bien

---

de les perfectionner, ou sur la copie même s'il y a de la place, ou en renvoyant par des n°⁸ au cahier des notes. Ces renvois abrègent beaucoup le travail, et l'écrivain n'est point gêné par l'espace en faisant sa seconde rédaction, qui n'a lieu que pour certains endroits du discours.

Il peut, pour s'aider à trouver les formes les plus convenables, soit pour frapper les esprits, soit pour émouvoir les cœurs, ou pour donner plus d'énergie et de force au discours, il peut s'aider, dis-je, en consultant un *tableau des figures*, ou simplement les endroits de la table de cet ouvrage où il en est parlé, et voir celles qui conviennent le mieux dans certains morceaux de son discours. Ce moyen fait souvent penser à des ressources oratoires qui ne seraient pas venues à l'idée sans cela. Il donne quelquefois lieu à l'invention d'excellentes tournures, et dirige à la perfection avec moins d'inconvéniens que *l'imitation*, qui n'est pas sans difficultés. Il vaut mieux inventer soi-même des formes énergiques que de les copier servilement dans les autres. Pourquoi n'aurait-on pas pour l'invention des formes des *lieux communs* comme on en a pour l'invention des matières ?

exprimer. Ceci se fait même sans y réfléchir. Néanmoins, comme l'attention principale a été pour les choses qu'il s'agissait surtout de trouver, il est bon de repasser ce qu'on a composé pour examiner d'une manière toute particulière ce qui regarde les images, les mouvemens, les tournures et les locutions.

Son importance et sa difficulté.

111. Cette seconde composition a plus d'importance qu'on ne pense. La forme fait beaucoup dans les discours. On trouve assez communément le fond des sujets dans les orateurs, mais peu savent leur donner la forme convenable. C'est surtout par la forme que les prédicateurs diffèrent (1). L'invention de la forme est ce qu'il y a de plus difficile dans la composition. Elle coûte plus à trouver que le fond. « Il faut moins de génie dans l'éloquence pour inventer les choses, dit le P. Rapin, que pour les

---

(1) « Quoique les pensées roulent sur des idées communes à tous les hommes, dit Gaichiès, elles peuvent avoir à l'infini quelque chose d'original dans les circonstances, le tour, l'application. L'art ne s'épuise pas en nouveautés; il varie les pensées comme la nature diversifie les visages. »

« On se plaît à admirer la prodigieuse fécondité de l'esprit humain, lequel, inépuisable dans ses res-

arranger. Le tour qu'il faut leur donner pour les mettre dans la place où elles doivent être, coûte bien plus que la peine qu'on se donne de les penser. Car tout esprit raisonnable peut penser raisonnablement, mais il n'est pas aisé de donner à ce qu'on pense cette grace qui rend les choses agréables, et qui les fait admirer (et cette force, cette énergie qui font tant d'impression sur les esprits et sur les cœurs). C'est en quoi consiste l'éloquence, non pas cette éloquence des paroles que l'on ne sait d'ordinaire que trop, mais l'éloquence des choses qu'on ne sait presque point du tout, qu'on apprend rarement et qu'on ne peut espérer que d'un naturel heureux. L'on peut connaître le prix de cet art par la grande différence qu'on trouve dans les mêmes choses tournées diversement. C'est le

---

sources et infini dans ses combinaisons, sait tirer sans cesse de nouveaux développemens des mêmes matières, saisir de nouveaux rapports dans les mêmes objets, et trouve toujours le secret de rajeunir, en quelque sorte, les vérités éternelles de la morale, par cette singulière variété d'aspects sous lesquels il les présente, et de couleurs dont il les embellit. » (*Notice sur la vie et les sermons de M. de Beauvais, évêque de Senez.*)

tour qu'on donne à ce qu'on dit qui en fait d'ordinaire la beauté; et, quoique ce soit le naturel qui donne cet air, il y a toutefois des moyens pour l'acquérir quand on ne l'a pas (ou plutôt pour cultiver ce qu'on a reçu de la nature; car, sans des dispositions naturelles à l'éloquence, les règles de l'art seraient impuissantes). Ces moyens sont un fréquent usage de la composition sous un bon maitre ou avec un ami intelligent, et le commerce avec les auteurs anciens. C'est d'eux qu'on peut apprendre cette justesse (le bon goût) qui donne à l'esprit ce tour agréable, et que l'esprit donne ensuite à tout ce qu'il pense, et à tout ce qu'il imagine, quand il a du génie pour cela. »

De la correction. 112. La seconde composition étant terminée, on repasse le discours pour corriger ce qui pourrait encore être défectueux, soit sous le rapport des choses, soit sous celui de la manière de les exprimer, c'est-à-dire, pour ajouter ce qui manquerait, retrancher ce qui serait de trop, modifier ce qui aurait besoin de l'être, ou transporter ce qui ne serait pas à sa place. Quand les changemens ou additions sont considérables, on les fait comme nous avons dit précédemment, par le moyen des renvois et des notes dans un autre cahier. S'il y a des transpositions, on les opère en se servant des parenthèses marginales, qui servent à isoler les articles transposés. On met un signe devant la parenthèse qui ouvre, et on place un renvoi à l'endroit où doit être placé l'article. Ce renvoi doit répéter le signe exactement. Avec ces précautions on peut faire dans son brouillon les changemens les plus compliqués sans danger de confusion, et sans s'exposer à perdre le fil du discours quand on le transcrira au net.

113. C'est cette transcription qui est la dernière opération de la composition. Qu'on nous permette ici de petits détails qui peuvent être utiles. Il est bon de mettre sur la première page de la copie, et après le titre, le plan du discours, afin d'en voir l'ensemble d'un seul coup d'œil. Le revers de cette page peut être destiné à marquer les lieux et les époques des prononciations. On peut distinguer les parties par un titre au milieu de la page, et les subdivisions, ainsi que les principales preuves et les morceaux notables, par des titres et des numéros sur les marges, qu'on aura soin de réserver à cet effet. Il doit y avoir, à des distances convenables, des alinéa ou repos. Ces alinéa doivent

De la transcription.

se former de masses d'idées qui soient unes et compactes, et non d'un ramas de pensées isolées et incohérentes qui ne sont que du remplissage et un embarras pour la mémoire. Il faut, dans le moment de la correction, retrancher impitoyablement toutes ces idées coupées qui ne forment pas corps avec les autres.

<small>Des variantes et des réserves oratoires.</small>

114. On laissera à la fin du discours quelques pages en blanc pour les variantes, telles que sont, par exemple, les exordes indirects, les péroraisons spéciales et propres dont on pourra se servir, ou dont on se sera servi, selon les temps, les fêtes, les lieux et les circonstances, ainsi que pour d'autres parties qu'on peut ajouter au discours selon les occurrences, comme sont, par exemple, des traits historiques, des comparaisons, des tournures propres à exposer certains détails et autres choses dont on fera usage selon les auditoires, selon les besoins et la capacité de ceux à qui l'on doit annoncer la parole sainte. Cette précaution est nécessaire pour ne pas ressembler aux médecins, dont nous avons parlé ailleurs, qui n'ont que les mêmes remèdes pour tous leurs malades. Je sens bien que, malgré ces prévoyances, il se trouvera toujours des choses imprévues ; un ora-

teur intelligent et capable saura les apercevoir à temps et les saisir, soit sur les lieux, soit même dans le moment de l'action. Ses *réserves* ne lui seront pas pour cela inutiles, elles l'aideront au contraire à mieux appliquer les remèdes aux plaies, parce qu'il n'aura que quelques modifications à faire à ses spécifiques moraux. Pour les rendre encore plus utiles, il faut qu'il ait soin, après l'application des remèdes, de prendre des notes. Par-là il profitera de l'expérience qu'il acquiert en voyant les résultats de ses industries oratoires, et se rendra capable d'obtenir dans la suite de plus grands succès.

115. Il y a des moyens de perfectionner ses discours qu'il ne faut pas négliger. Le premier que nous conseillons à ceux qui commencent est de soumettre leurs compositions à la censure d'un confrère, d'un ami, dont le bon goût et l'expérience leur sont connus. Ce moyen leur fera découvrir les défauts qu'ils n'apercevaient point, et portera leur attention sur des choses auxquelles ils ne pensaient pas. Leur déférence aux lumières d'autrui et leur docilité à écouter les observations raisonnables qui leur seront faites, les empêcheront de prendre un mauvais

<small>Du perfectionnement de discours.</small>

genre, formeront leur goût, et, en dirigeant leur talent, leur assureront le succès. Un second moyen de perfectionnement est la prononciation. Elle fait mieux sentir les défauts du discours, que toutes les réflexions qu'on peut faire dans le cabinet. Pourvu qu'on sache, dit Maury, observer l'impression du discours sur l'auditoire, il est aisé à l'orateur de remarquer les morceaux faibles ou languissans, trop peu développés ou trop prolixes, qui réclament un nouveau travail. Qu'il se juge donc lui-même en descendant de la tribune sacrée, et qu'il prenne des notes, comme nous l'avons déjà conseillé, pour retoucher son discours. C'est en le débitant et en le corrigeant immédiatement, qu'on en juge très-bien l'effet et l'ensemble, qu'on en fortifie les mouvemens, qu'on en élague les longueurs, qu'on en multiplie et perfectionne les beautés. Tout ce qui a laissé l'auditoire distrait, inattentif, et l'a séparé de l'orateur, doit être réformé sans ménagement et sans regret : au contraire, tout ce qui a été écouté avec un profond silence est encore plus consacré que les morceaux les plus sensiblement applaudis. Ce n'est donc qu'en chaire qu'on apprend à bien apprécier un sermon, et à y mettre la dernière main. L'orateur chrétien ne négligera pas un troisième moyen, qui est de profiter des avis qui lui seraient donnés par ses supérieurs, ou des observations justes qui lui viendraient d'ailleurs. Il faut aimer la vérité et la prendre avec joie, même quand elle vient de nos ennemis qui nous rendent quelquefois de grands services en ne nous dissimulant pas ce que des amis faibles ou retenus par notre susceptibilité craindraient de nous dire.

116. Nous terminerons ce chapitre en pré- <small>Excès à éviter.</small> venant contre un excès qui, pour n'être pas commun, ne doit pas moins être évité. Il consiste à ne pas savoir se contenter, ni s'arrêter dans le perfectionnement de ses discours. Il est certain qu'après les avoir bien corrigés et bien travaillés, on découvrira toujours de nouvelles corrections à y faire et de nouveaux perfectionnemens à y ajouter. On sent non-seulement qu'on est au-dessous de la perfection que le discours peut avoir, mais au-dessous même de son propre talent. Les meilleurs maîtres trouvent toujours qu'il manque quelque chose à leurs ouvrages les mieux soignés. On sait que Virgile voulait jeter au feu, comme imparfaite, son *Énéide*; Bossuet travailla jusqu'à la fin de

sa vie son *Discours sur l'Histoire universelle;* Fénélon retoucha souvent son *Télémaque;* Massillon fit de même pour ses *Sermons*, qui sont beaucoup mieux qu'il ne les prononça. Cette insatiabilité de perfection vient, comme nous l'avons dit, de ce que *l'homme voit toujours plus loin qu'il ne peut faire* (1). Il faut donc savoir s'arrêter dans le perfectionnement de ses compositions. Quand les discours sont suffisamment travaillés pour ne rien présenter de notablement défectueux, quand ils sont comme il convient pour obtenir l'effet ordinaire qu'on doit attendre de la prédication, relativement au bien des ames, il faut les laisser et n'y plus rien changer. Tout ce qui peut être mieux n'est pas toujours à propos. Les besoins spirituels du prochain sont si nombreux et si pressans; nos fonctions sont si multipliées et la vie est si courte, qu'il faut se borner au

---

(1) De là, l'*admiration* qui n'est point en Dieu, parce qu'il peut tout ce qu'il connaît. Il n'y a rien d'admirable pour lui, *nihil est mirabile in conspectu ejus.* (Eccli., 39, 25.) On n'admire que ce qu'on ne peut pas faire. L'admiration est dans les créatures un aveu de leur faiblesse et un hommage à une puissance supérieure.

nécessaire. Il vaut mieux avoir un bon nombre de discours passables et solides sur les principales matières, que d'en avoir de plus polis, mais en nombre trop restreint pour pouvoir suffire à tous les besoins. L'orateur chrétien doit se souvenir qu'il ne travaille point pour sa gloire, comme le poète et l'académicien, mais pour la gloire de Dieu et le salut des ames.

CHAPITRE XI.

DE LA MÉMOIRE.

<small>Nécessité pour l'orateur d'apprendre ses discours.</small> 1. La composition ne termine point le travail de l'orateur, elle ne fait que fixer sur le papier les choses qu'il doit dire et la manière de les exprimer. Elle a pour but d'aider sa mémoire à se rappeler ce qu'il a trouvé par l'étude, et de lui faciliter ainsi les moyens de parler convenablement sur un sujet déterminé. La composition régularise l'éloquence, supplée à l'improvisation et pare à ses inconvéniens. Mais ce serait en vain qu'on aurait rendu le papier dépositaire de ses pensées et de leurs formes, si l'on en restait là. On n'est point orateur pour avoir composé, écrit ou fait imprimer un discours; ajoutons qu'on ne l'est pas même, du moins complètement, quand on se contente de lire sa composition oratoire. Lorsque la langue est obligée de n'agir qu'après les yeux, il y a une gêne et un embarras inévitable qui nuit nécessairement au débit et lui ôte tout

son charme. Le talent d'une belle déclamation ne fait disparaître les inconvéniens de la lecture que pour les aveugles et pour ceux qui entendent le prédicateur sans le voir. Pour ceux-là même les inconvéniens ne disparaissent pas entièrement. Il y a toujours dans le ton et la voix du meilleur déclamateur quelque chose qui se sent de l'inaction forcée de son corps ou de la nécessité où il est de suivre des yeux les lignes d'une page et de retourner les feuilles d'un cahier.

Pour être orateur dans toute l'étendue du terme, il faut graver dans sa mémoire le discours qu'on a composé, de manière à pouvoir se passer entièrement du secours d'un cahier. Si on se contente de le lire, l'action n'a plus rien qui intéresse. « Il n'y a, dit l'abbé Girard, ni mouvement, ni expression dans les mains, dans la tête, dans les yeux d'un homme qui lit; sa prononciation même n'est plus si vive, ni si animée. Lire un discours, c'est, suivant le célèbre d'Aguesseau, le priver de ce qui lui donne le plus de grace et d'intérêt, c'est lui ôter la vie. « Quelle peut être, en effet, dit ce savant « magistrat, l'impression d'une éloquence « froide, languissante, inanimée, qui, dans

« cet état de mort où on l'a réduite, ne con-
« serve plus que l'ombre, ou, si on ose le
« dire, le squelette de la véritable éloquence? »

« On demandait à un grand prédicateur du siècle dernier (1) quel était son meilleur sermon : *C'est celui que je sais le mieux*, répondit-il. Parole d'un grand sens, qui fait concevoir tout le prix de la mémoire. Un orateur dont la mémoire est embarrassée, quoique d'ailleurs il dise d'excellentes choses, devient le tourment de son auditoire. Un orateur, au contraire, qui joint une mémoire aisée aux autres parties de l'action, est sûr de plaire à tout le monde, en disant même des choses communes et ordinaires. Qu'il est agréable de l'entendre parler avec une facilité si grande que ses paroles paraissent couler comme de source, sans avoir été préparées ! Comme l'illusion est entière ! Comme il charme tout ses auditeurs ! Faut-il s'étonner que tant de discours plaisent au débit, qui, à la lecture, sont trouvés médiocres ? »

Un débit de mémoire se rapproche quelque-

---

(1) C'est Massillon. On l'attribue aussi à Bourdaloue.

fois d'une inspiration soudaine et en a les heureux effets; au lieu que la froide lecture d'un manuscrit ne saurait jamais les produire. Il importe donc de conserver l'ancienne méthode, d'apprendre tous les discours qu'on prononce dans la chaire chrétienne. « Si jamais les ministres de l'Évangile, dit Maury, voulaient se contenter de lire leurs instructions en chaire, ils n'attireraient plus dans nos temples une si grande affluence d'auditeurs, et leur mission produirait beaucoup moins de fruit. »

2. Il ne faut pas apprendre ses discours d'une manière imparfaite, mais les bien posséder (1). « En vain auriez-vous reçu de la nature le don de persuader et d'émouvoir, dit l'auteur que nous venons de citer; en vain auriez-vous perfectionné votre talent par l'étude des règles; en vain même écririez-vous avec éloquence; vous ne seriez jamais en chaire un orateur vraiment éloquent, si vous étiez souvent interrompu, dans le débit de vos discours, par les infidélités ou les hésitations de votre mémoire; vous devez même être assez indépendant et assez sûr de cette faculté, pour oser improviser tous les

Il faut les bien posséder.

---

(1) Ce qui peut se faire sans apprendre servilement.

traits heureux que le moment inspire, sans être contraint de négliger votre élocution par la crainte de ne plus retrouver le fil de votre discours, au point fixe où vous cessez de le suivre. On récite mal ce qu'on ne sait pas imperturbablement; on ajoute, par cet embarras, au ton d'apprêt qui n'est déjà que trop sensible en chaire, une inquiète oppression qui fatigue et détache l'auditoire (1). Toutes les fois que les auditeurs subissent un si triste déplaisir, ils craignent de s'exposer encore au même mécompte, et n'écoutent plus qu'avec anxiété; d'où il résulte qu'un défaut de mémoire, qui ne fait aucun tort au mérite de l'orateur, nuit infiniment à l'effet du discours. Le moindre incident, la plus légère cause de distraction, le plus petit bruit dans l'Église où l'on prêche, suf-

---

(1) « S'il n'est point de défaut qui frappe tant l'auditeur que le défaut de mémoire, il n'en est point non plus qui le fatigue davantage. Il souffre toute la peine que le prédicateur s'est épargnée en se négligeant. Le prédicateur qui a négligé d'apprendre paie bien chèrement le plaisir de sa paresse. C'est un triste sort que celui d'un orateur qui hésite. Dans la nécessité de penser toujours à ce qu'il va dire, il ne pense jamais à ce qu'il dit (GAICHIÈS.) »

fisent pour rompre le fil des idées, et pour couper toute espèce de mouvement oratoire. L'auditeur, ainsi séparé de l'intérêt qui l'entraînait, laisse divaguer ses pensées, quand on l'a troublé dans son attention. » Quand on ne possède qu'imparfaitement son discours, on rend donc inutile le travail de la composition, on ne peut se livrer aux inspirations qui surviennent et on n'obtient aucun succès.

3. Il s'est trouvé des hommes d'une mémoire prodigieuse. On cite à ce sujet des faits étonnans. Parmi les orateurs modernes, celui qui s'est le plus distingué sous ce rapport est l'abbé Poulle. On dit qu'il avait composé ses sermons sans les écrire. Nous avouons que ce fait est difficile à croire, si l'on suppose qu'il n'écrivît absolument rien. Il est probable qu'à l'exemple de Bossuet, il jeta sur le papier ses premières idées et qu'il négligea ensuite ses brouillons, qui se perdirent, avant qu'il se fût donné la peine de les mettre au net. Quoiqu'il en soit, il possédait si bien ses discours, qu'il était toujours prêt à les réciter. « Quelquefois, dit le marquis de Sainte-Croix, s'il arrivait que l'orateur destiné à prêcher devant le Roi manquât, le grand-aumônier s'adressait à

<small>Ce qu'on rapporte de la mémoire de l'abbé Poulle.</small>

l'abbé Poulle qui ne refusait jamais; et le moment qu'on l'avertissait était le seul temps de sa préparation. Il pouvait même sur-le-champ, et sans effort, détacher plusieurs parties de ses discours, pour en faire un nouveau, ou les adapter, suivant les circonstances, à celui qu'il prononçait.

« Reçu des mains de la nature, ce précieux avantage ne pouvait échapper à celles du temps, qui mine sourdement et détruit en silence. Ses funestes atteintes ne se firent d'abord pas sentir à l'abbé Poulle. Trop accoutumé à décomposer ses sermons et à les suppléer les les uns par les autres, suivant le besoin et les circonstances, il était bien éloigné de s'apercevoir de ce qui lui échappait ; ses organes étaient infidèles, à son insu. Il n'en fut certain que lorsqu'il se détermina, après bien des irrésolutions et des perplexités, à leur demander un dépôt qu'il n'aurait pas dû leur confier sans réserve, tant d'années. Il ne put dicter ses discours de suite : souvent il se vit contraint d'en abandonner un pour passer à l'autre. Tantôt il commençait par la péroraison, tantôt il finissait par l'exorde. Ici étaient quelques lignes, là des pages entières qu'il faisait laisser en blanc.

A la première vue de toutes ces lacunes qui présentaient, selon lui, l'image du chaos, son courage parut s'abattre, et il méditait déjà de dévouer ses productions à l'oubli. Mais il fallait qu'elles sortissent des ombres où elles étaient ensevelies. L'impulsion étant donnée, les instances de ses parens et de ses amis en accélérèrent l'effet. Touché du motif noble et désintéressé de ces sollicitations, ce vieillard respectable s'appliqua avec autant de résignation que de constance à remplir des vides et à lier des phrases pendant l'espace de quatre ou cinq mois, au bout desquels ce travail pénible, dont il ne se croyait plus capable, fut achevé. Quoique les sermons de l'abbé Poulle sortissent, pour ainsi dire, en pièces de sa mémoire, les différentes parties se trouvèrent néanmoins si bien assemblées qu'on ne s'aperçut pas de cette manière aussi dangereuse que singulière de faire éclore un ouvrage. »

4. Peu d'orateurs ont la mémoire aussi heureuse que l'abbé Poulle. La plupart n'ont qu'une mémoire ordinaire, un peu plus ou un peu moins fidèle, selon l'âge et quelquefois selon les circonstances. Il est des cas où la composition se retient plus facilement que dans d'au-

Il est des circonstances qui aident la mémoire. — Traits de M. de Boulogne.

tres. Ces cas sont ordinairement ceux où l'orateur est le plus pressé. On rapporte de M. de Boulogne qu'étant chargé de prêcher le panégyrique de saint Augustin devant l'assemblée du clergé de 1785, il avait à peine terminé son discours la veille de la fête. Il n'avait pas eu le temps de l'apprendre entièrement, et cependant il le prononça tout d'une haleine, et sans avoir besoin de recourir à son cahier ; *de sorte, disait-il, que le discours que j'ai le mieux su et le mieux dit de ma vie, c'est celui que j'avais le moins appris et que je devais savoir le moins.*

Voici un autre trait du même orateur. Le 12 janvier 1815 il reçut du ministre de l'intérieur une lettre qui le chargeait de prononcer l'oraison funèbre de Louis XVI, le 21 janvier, jour où les cendres de ce prince seraient tansportées à Saint-Denis. L'extrême brièveté du temps qui lui était accordé lui fit craindre d'abord de rester au-dessous de son sujet ; cependant, flatté d'être choisi pour porter la parole dans une occasion si solennelle, il partit sur-le-champ pour Paris, et se mit au travail. Le cinquième jour le Roi lui fit dire, par le grand-aumônier, qu'il désirait voir son discours avant la cérémonie, et qu'il l'engageait à le lui envoyer ; mais ce discours, à peine achevé, écrit sur des feuilles éparses, était indéchiffrable pour tout autre que pour l'auteur, et il n'avait pas le temps de le mettre au net. Il répondit donc que, si Sa Majesté le voulait, il irait le lui lire ; le Roi approuva ce moyen, et le manda de suite au château. C'était le 19 janvier au soir. Sa Majesté fit au prélat quelques observations qui annonçaient autant de finesse que de goût. Il ne restait à M. de Boulogne qu'un jour pour apprendre son discours avant la cérémonie. Il monta en chaire au milieu d'un immense concours ; les princes et princesses, les ambassadeurs, les ministres, les grands-officiers, les cours, un grand nombre de personnes de tout rang, remplissaient l'église transformée en chapelle ardente. L'orateur débita son discours sans hésiter, comme s'il l'eût appris à loisir et avec soin. Tant il est vrai que la nécessité donne quelquefois aux facultés une activité incroyable.

On pourrait citer plusieurs faits de ce genre qui prouvent que les compositions qui sont stimulées par les circonstances impérieuses où l'on se trouve, se retiennent plus facilement que les autres. Nous ne conseillons pas cependant aux orateurs de se mettre dans le cas d'être pressés par le temps pour mieux retenir leurs sermons. Les circonstances dont il est ici question sont celles qui, étant imprévues, sont tout-à-fait indépendantes de la volonté de l'orateur. Celui qui, par négligence, attendrait à l'extrémité pour se préparer, serait bien souvent puni de sa témérité.

<small>Le travail de la mémoire est ce qui coûte le plus dans la préparation et ce qui fatigue le plus dans le débit. — Exemples de Massillon et de Bourdaloue.</small>

5. Le travail de la mémoire est ce qui coûte le plus dans la préparation, et ce qui fatigue le plus dans le débit. La majeure partie des orateurs en font journellement l'épreuve. Nos grands maîtres eux-mêmes l'ont senti. Massillon, prêchant un jour devant Louis XIV, éprouva une infidélité de mémoire qui fut assez sensible pour obliger le monarque à lui dire ces paroles : *Remettez-vous, mon père; il est bien juste de nous laisser le temps de goûter les excellentes choses que vous nous dites.* Cet orateur *excédé*, comme il le dit lui-même, *d'apprendre tous les jours sa leçon comme un écolier*, en conçut un tel dégoût pour la chaire, qu'il ne voulut plus y monter pour des discours solennels pendant les vingt-cinq dernières années de sa vie. Il se réduisit, durant tout le cours de son épiscopat, à lire ses discours sy-

nodaux dans son séminaire, et à faire des instructions simples à son peuple.

La mémoire de Bourdaloue le préoccupait et l'inquiétait si habituellement, que, pour éviter toute distraction dans son débit, il s'imposait la loi d'avoir sans cesse les yeux fermés. C'est ainsi que tous ses portraits nous le représentent. Cependant, malgré cette précaution, il affligeait encore quelquefois son auditoire, par la triste nécessité de recourir à son cahier, qu'il plaçait toujours humblement à côté de lui sur le siège de la chaire.

6. Le travail de la mémoire se fait ordinairement remarquer dans le grand nombre des prédicateurs par la monotonie et la froideur du débit, et dans quelques-uns par une prononciation précipitée. Cette volubilité, qu'on prend quelquefois pour de l'abondance, est bien souvent l'indice d'une mémoire débile. On se hâte de saisir ses pensées, de peur de les échapper. Un homme qui est maître de sa mémoire se possède davantage. La précipitation dans le débit était le défaut du P. de Neuville. *Marques d'une mémoire qui travaille.*

7. Il y en a qui, pour aider leur mémoire, se servent de signes ou images dont certains auteurs ont composé une science qu'on appelle *Des moyens artificiels d'aider la mémoire.*

mémoire artificielle, et qu'on prétend être à l'usage des orateurs ; mais le nombre de ces signes, loin de soulager la mémoire, ne fait que l'embarrasser. Cicéron et Quintilien conseillent d'attacher les différentes parties du discours aux divers objets qui frappent la vue. Mais cette méthode a bien ses épines et ses dangers : l'orateur devient l'esclave de tous les objets placés autour de lui. La mémoire n'a plus cette marche libre, facile et indépendante qui fait son plus bel ornement. La confusion a bientôt lieu. Pour peu que l'objet auquel vous attachez telle partie du discours ne réponde pas au moindre signe de la mémoire, la voilà tout aussitôt sans boussole et troublée. Il est vrai qu'appuyée également sur l'objet voisin, elle aura la ressource de passer à l'autre membre de la harangue ; mais il arrive très-souvent que, lorsque le premier objet a échappé, le trouble qu'il laisse dans la pensée ne permet plus d'apercevoir autre chose qu'une confusion universelle, et un nuage fort épais sur tous les objets.

Gaichiès et d'autres auteurs disent qu'on peut aider la mémoire par la diversité de l'écriture, par l'inégalité des marges, par des traits bizarres qui ont rapport au sens, par des croix, des lettres, des numéros, ou d'autres signes sur lesquels la mémoire se repose; en sorte que si, comme il arrive souvent, les choses qu'on avait apprises échappent, ou qu'on se trouble pendant la prédication, on puisse avoir recours à ces marques, comme on jette l'ancre dans la mer pour empêcher le vaisseau d'être le jouet des vents.

Besplas donne le conseil d'apprendre plutôt sur le cahier où l'on a composé et où se trouvent des ratures, que sur celui où l'on a mis le discours au net. Il prétend que les ratures soutiennent la mémoire et l'aiguisent.

8. Il faut avouer qu'il y a dans toutes ces industries quelque chose de puéril qui ne convient guère à la gravité d'un orateur sacré. Voici sur cet article ce qu'on peut raisonnablement conseiller. C'est, comme nous l'avons dit ailleurs, de distinguer les différentes parties du discours par des titres sur les marges et par des numéros qui marquent les subdivisions. C'est de faire des pages et des alinéa d'une juste étendue qui puissent permettre à la mémoire de se reposer; c'est d'éviter de commencer les alinéa par les mêmes mots, de peur de se méprendre; c'est enfin de souligner

Ce qu'on peut raisonnablement conseiller sur cet article.

les mots notables des alinéa. J'appelle *mots notables* ceux qui indiquent les idées principales à peu-près comme font les journalistes dans les annonces qui terminent leurs feuilles. En parcourant dans ces annonces les mots imprimés en caractères différens, on sait d'un coup-d'œil ce que contient chaque article, sans se donner la peine de le lire, sinon quand il peut intéresser. De cette manière on réunit les avantages de la mémoire locale avec ceux de la mémoire naturelle ou de raison. Un cahier où les pages sont trop uniformes expose ceux qui ont besoin de secours sensibles à tout confondre, et à se trouver dans l'embarras en cas d'absence de mémoire.

<small>Ce qu'il faut apprendre à la fois.</small>

9. On conseille encore d'apprendre une page à la fois ou un alinéa. Des morceaux plus courts ne seraient retenus qu'un moment, plus longs ils surchargeraient la mémoire. Quand on a appris ainsi par portions un des points du discours, on le repasse en réunissant les diverses parties qu'on a étudiées. On procède ensuite de la même manière pour le second point.

<small>Il n'est pas nécessaire de déclamer en étudiant son discours.</small>

10. Faut-il apprendre en lisant seulement des yeux ou bien à l'aide des sons articulés? Nous ne conseillons pas cette dernière méthode,

parce qu'elle est trop fatigante et qu'elle finirait par épuiser. La première suffit. Il faut s'y accoutumer dans l'intérêt de sa santé. Il convient de réserver ses forces pour l'action, et de ne pas les affaiblir dans la préparation. Pour tout concilier on peut, si l'on veut, prononcer de la même manière qu'on dit son office, sans élever la voix.

11. Nous ne conseillons pas non plus aux orateurs, qui veulent s'assurer de leur mémoire, de faire d'autres essais que des essais particuliers. Il ne convient pas qu'ils aillent réciter leurs discours dans des sociétés, comme des enfans qui vont répéter une leçon, ou qu'ils imitent les acteurs qui répètent un rôle. Cela sent ou l'écolier ou le comédien. On peut bien s'assurer par soi-même, et avec le secours de son manuscrit, si l'on possède suffisamment son discours. *Des essais de mémoire.*

12. Il ne faut pas attendre à la dernière extrémité pour étudier son discours. Il vaut mieux s'y prendre de bonne heure et étudier à loisir que de s'exposer à apprendre à la hâte et par conséquent d'une manière imparfaite. Pour le temps, il y en a qui préfèrent le soir et même la nuit, parce qu'à la faveur des ténèbres et du *Temps convenable pour étudier un discours.*

calme ils éprouvent moins de distractions ; d'autres aiment mieux le matin, après le sommeil, parce que l'esprit est plus frais et moins fatigué. On doit préférer la méthode qui s'accorde le mieux avec ses occupations et les devoirs qu'on a à remplir. Il convient qu'après avoir appris à loisir son discours, pendant les jours qui précèdent la prononciation (si toutefois on a eu du temps à soi), on le repasse la veille au soir avant de se livrer au sommeil. La nature dans le silence continue et achève l'ouvrage que la mémoire avait commencé ; elle donne l'accroissement à cette semence, et au réveil on est tout surpris de posséder sa matière. Ce qui, la veille, nous paraissait si étendu que notre esprit ne pouvait le saisir, s'est, en quelque sorte, rapetissé de manière que le discours, sans avoir perdu aucune de ses parties, est tenu sans effort et sans gêne par la mémoire.

C'est une bonne pratique, que nous avons déjà conseillée, que celle de prendre son discours pour matière d'oraison le jour où l'on doit le prononcer. Mais il faut prendre garde de faire de la méditation une étude. On doit alors s'appliquer à soi-même ce qu'on se propose de dire aux autres, et prier pour le succès moral de son discours. Ce dernier moyen fortifie les autres et attire la grace de Dieu pour remplir convenablement son ministère.

13. Il y a des orateurs qui, après avoir étudié leur discours, s'aident en chaire au moyen de leur manuscrit, qu'ils placent sur un pupitre qui est dans l'intérieur de la tribune, sans en faire usage d'une manière ostensible comme ceux qui le tiennent à la main. Ce moyen, qui paraît concilier, jusqu'à un certain point, les avantages du débit de mémoire avec la lecture, est presque généralement employé. Il y en a qui s'en servent assez adroitement. Mais la plupart ont de la peine à dérober leur artifice à la connaissance de leur auditoire. On doit sentir quelle fâcheuse impression cette découverte produit dans leur esprit. On a l'air d'un écolier qui, ne sachant pas bien sa leçon, tâche de tromper son maître en paraissant la savoir, tandis qu'il s'efforce de la lire à son insu. Cette ruse me paraît indigne de la chaire. Qu'on porte son cahier avec soi pour y recourir en cas de besoin ; cela peut se faire. Il y a des orateurs qui ne seraient pas tranquilles, s'ils ne prenaient pas cette mesure. Cette précaution les rassure et ils débitent avec plus de calme.

De l'usage non ostensible du manuscrit en chaire.

Mais il serait beaucoup mieux de s'en passer entièrement. Nous engageons ceux qui commencent à ne pas contracter cette habitude. Il leur sera plus avantageux de prendre un genre plus libre. Nous leur en indiquerons les moyens (1).

De la timidité. 14. Le défaut d'assurance pendant le débit vient bien plus souvent d'un excès de timidité et de crainte que du défaut de mémoire. « Cette crainte, dit Grenade, a deux effets très-fâcheux qui épuisent et détruisent presque toute la force et tout le fruit du discours. Le premier est d'ôter aux prédicateurs la présence d'esprit et de les troubler jusqu'à les mettre hors d'état de prévoir ce qu'ils doivent dire, ni comment

---

(1) L'usage du cahier dérobé laisse subsister une grande partie des inconvéniens de la lecture pure et simple. Il y a eu un temps où l'on suppléait au cahier par un souffleur. Ce moyen, qui n'est plus en usage qu'au théâtre, où il convient mieux que dans nos églises, ne faisait que modifier les inconvéniens sans les diminuer. Un orateur qui est obligé d'avoir l'oreille attentive à un souffleur, ne peut pas plus se livrer à un débit libre et animé, que celui qui est gêné par le soin de porter les yeux sur un manuscrit. Ce sont là de pauvres ressources, dont il est bien à souhaiter qu'on s'affranchisse enfin. On le peut facilement, comme nous le ferons voir plus bas.

il faut le dire. Qu'est-ce qu'un prédicateur dans ce trouble? N'est-il pas comme un pilote qui a perdu son gouvernail? C'est à l'esprit à diriger et à tout conduire dans le discours : il est l'œil qui doit prévoir ce que la langue doit dire, en sorte que la langue ne le prévienne pas, mais qu'il la prévienne toujours. Lors donc que l'esprit d'un prédicateur est accablé de trouble et de crainte, il est comme destitué de son activité, et de sa lumière ; et ainsi, ne voyant presque point les choses qu'il doit dire, il n'est plus capable que de s'égarer.

« L'autre fâcheux effet de cette même crainte est qu'elle nuit extrêmement à la prononciation, qui demande dans celui qui parle une liberté très-grande, et pour ainsi dire un pouvoir absolu sur lui-même, afin que, se possédant et étant ainsi maître de son esprit, il puisse en même temps s'appliquer avec attention à ce qu'il dit et à la manière de le dire. »

15. Pour se guérir de cette crainte, qui a de si graves suites, il faut se remplir de l'autorité du ministère. On est en chaire pour reprendre, pour enseigner ; c'est à l'auditeur à trembler. Le prédicateur craindra-t-il le jugement d'un homme qui doit soumettre le sien aux vérités

Motifs pour la surmonter.

qu'il annonce? Ceux que le prédicateur craint le plus sont les moins à craindre : un bon esprit est toujours indulgent. Pour peu que le discours soit raisonnable, il le goûte, et ne s'étonne point d'une infidélité de mémoire, dont le plus habile n'est pas exempt (Gaichiès). Bourdaloue et Massillon se sont trouvés dans ce cas.

Conduite à tenir en cas d'infidélité de mémoire.   16. Quand, malgré toutes ces précautions, la mémoire vient à manquer, il ne faut pas augmenter son embarras en se troublant à l'excès. Ce qu'il y a de mieux à faire dans ce cas, c'est de ne pas s'arrêter. Si c'est un texte qui échappe ou une pensée particulière qui ne revient pas, il faut passer outre et continuer, ou bien, si l'on se rappelle le sens et non les paroles, exprimer ce que l'on pense par des circonlocutions équivalentes qui suffisent pour se faire entendre. Quand il s'agit d'une partie assez notable du discours qui ne se présente pas assez promptement à la mémoire, on peut alonger la dernière pensée qu'on a exprimée en ajoutant quelques phrases aisées qui s'y rapportent et la présentent sous une autre face ou avec plus de détails. **Les lieux communs ne manquent pas.** Pendant ce temps les choses oubliées reviennent, et les auditeurs ne s'aperçoivent pas de l'embarras. Ceux qui ont pu le remarquer voient avec satisfaction que l'orateur sait se tirer d'affaire.

Si le trouble était si grand qu'on ne pût absolument se remettre, ni prendre les moyens que nous venons d'indiquer, il vaudrait mieux alors recourir humblement à son cahier que de descendre de la chaire sans achever son discours. C'est ce que j'ai vu faire à des orateurs qui ne manquaient ni de science ni même de mémoire (1). Accablés par une multitude d'oc-

---

(1) Un défaut de mémoire ne déshonore pas. Il peut arriver des absences à tout le monde. Sans doute qu'il est désagréable de se trouver dans ce cas; mais, quand on a manqué de mémoire, il ne faut pas manquer de vertu. Si Dieu juge à propos de permettre cette épreuve, il faut la prendre en toute humilité et ne pas s'en faire une trop grande peine. La tranquillité dans ce cas édifie le prochain, au lieu qu'on le scandalise en montrant trop de susceptibilité et d'amour-propre. On montre par cette faiblesse qu'on avait besoin de ce remède. La providence, qui dispense tout avec justice, punit quelquefois la présomption et la recherche de soi-même par cette humiliation. C'est ce qui arriva à un prédicateur dont parle M. Camus, évêque de Belley, d'après saint François de Sales.

Laissons-le raconter lui-même le fait.

cupations dans le saint ministère, ou surpris par des affaires imprévues qui leur avaient ravi le temps qu'ils destinaient à l'étude, ils n'avaient pu apprendre qu'imparfaitement leur discours. La mémoire leur manquant, ils prenaient leur manuscrit pour se remettre et continuaient comme si rien n'était arrivé. Il s'en est trouvé qui,

---

« Un religieux, célèbre prédicateur, étant venu à Annecy, demanda à saint François de Sales la permission de prêcher en sa présence. Il paraît que le désir de faire briller ses talens en la présence d'un évêque si distingué par son mérite, n'était pas étranger à sa demande; mais Dieu punit bien son orgueil. Notre saint, qui ne refusait ni sa chaire ni ses oreilles à aucun prédicateur orthodoxe, condescendit aisément à son désir, et se trouva sur son trône, environné de ses chanoines, de son clergé et de son peuple, à cette prédication si étudiée, et à laquelle plusieurs amis du prédicateur n'avaient pas manqué de convier toute la ville. Là, ce bon personnage s'embarrassant dans ses idées par quelque secret jugement de Dieu, tomba dans un tel trouble, qu'ayant parlé quelque temps, à bâtons rompus, sans savoir ce qu'il disait, à la fin il se tut tout-à-fait, sa mémoire ne lui suggérant rien de meilleur que le silence.

« Il sortit donc de cette façon avec une honte étrange, et il prit cette honte si à cœur, qu'il entra dans une mélancolie voisine de la frénésie et du désespoir. Il disait des choses qui faisaient frémir à entendre. Il en vint jusqu'à ce point de vouloir mourir,

n'ayant pas leur cahier, ont achevé heureusement en improvisant. Il faut, pour cela, avoir quelque facilité pour l'expression, et bien posséder son plan et ses principales preuves. Quand on n'est pas assez sûr de sa mémoire, ou quand l'étude du discours a été empêchée par quelque

---

ne pouvant plus, disait-il, survivre à cet affront; le *que dira-t-on de moi* l'occupait et le fatiguait si fort, qu'il ne pouvait fermer l'œil ni le jour ni la nuit.

« A la perte du repos il voulut joindre celle des repas, pour se laisser mourir de faim. Les religieux, ses confrères, ne pouvant le déterminer à prendre quelque nourriture, furent contraints d'appeler le saint évêque pour le consoler, et lui persuader de manger. Notre saint, qui m'a lui-même raconté cette histoire, m'a dit que dans un homme d'un institut fort austère, il n'eût jamais imaginé tant d'immortification. Enfin, avec beaucoup de peine, et après plusieurs menaces de damnation, il le fit résoudre à manger, mais à condition qu'on lui promît de le changer, non-seulement de province, mais de nation, et de lui donner une obédience pour aller finir ses jours en Italie.

« Sur ce sujet il me dit qu'il eût souhaité en ce religieux moins de dénûment corporel, et plus de spirituel; moins d'austérité extérieure, et plus de mortification intérieure. Je lui souhaiterais, disait-il, un peu moins de la science qui enfle, et un peu plus de la charité qui édifie: un peu moins de talent et un peu plus d'humilité. »

cause, il est prudent de se munir de son manuscrit en montant en chaire, afin d'y avoir recours au besoin. Mais ces cas n'arrivent pas fréquemment. Ce qui peut se faire dans la nécessité ne doit pas devenir une habitude. Ce serait favoriser la négligence que d'user toujours de ce moyen, et rendre la mémoire paresseuse en lui préparant toujours une ressource.

La mémoire se fortifie en apprenant fréquemment.
17. La mémoire se fortifie en apprenant fréquemment. C'est une très-bonne coutume que celle d'exercer dès l'enfance cette faculté. Les jeunes gens qui se destinent à la chaire doivent surtout prendre ce soin en apprenant chaque jour quelque chose par cœur, ne fût-ce que deux ou trois versets du Nouveau-Testament. Il serait bon que dans leurs loisirs ils exerçassent leur mémoire de toutes façons, tantôt en retenant les choses seulement en substance, afin de s'accoutumer à suivre le fil des idées, tantôt en apprenant mot à mot pour pouvoir se former le style et pour se faire une provision de textes et d'autorités qui se présenteraient au besoin. Quand on s'est exercé de la sorte pendant ses études, on a beaucoup plus de facilité pour retenir ses discours quand on exerce le ministère de la prédication.

18. Nous ne conseillons pas à l'orateur sacré de s'exercer comme un écolier. Le seul exercice qui lui convienne est l'accomplissement fréquent de ses fonctions. Si ceux qui commencent n'ont pas une mémoire assez sûre, et qu'ils craignent avec fondement les effets de la timidité, ils peuvent, avant de débuter devant un auditoire qui leur impose trop, s'exercer devant des auditeurs qui leur sont moins redoutables. Ils peuvent, par exemple, faire des instructions familières à la campagne ou aux offices moins solennels, dire quelques mots d'édification à la prière du Carême, ou dans des réunions pieuses comme celle du chapelet, ou enfin faire des Catéchismes renforcés. Par-là ils s'accoutumeront peu à peu à parler en public, leur mémoire se fortifiera, et ils acquerront une aisance qui leur permettra d'aller plus loin.

Moyens que les jeunes orateurs peuvent prendre pour exercer leur mémoire et acquérir de l'aisance dans la prédication.

19. Parmi tous les moyens d'aider la mémoire, je n'en connais point de meilleur que la composition méthodique et bien ordonnée. La liaison des idées, une expression naturelle et mise en sa place, un plan suivi, voilà, dit Besplas, les guides infaillibles de la mémoire : selon qu'on a pour ou contre soi la nature, on éprouve une forte résistance ou une extrême facilité à rete-

Le meilleur moyen d'aider la mémoire est la composition méthodique et bien ordonnée.

nir ses discours. J'entendais un jour un grand prince, dont la mémoire est un phénomène surprenant, qui disait : J'apprends tout ce que je veux de Racine; mais j'ai bien de la peine à retenir quatre vers de Corneille. D'où vient cette différence? De la manière d'écrire de ces deux auteurs. Là l'aisance et la pureté de l'élocution aident extrêmement la mémoire : ici une certaine rudesse d'expression, un certain embarras dans le tour des idées, font partager à celui qui récite la peine de l'écrivain. »

Il faut, en composant, apporter beaucoup de soin pour ne rien mettre qui puisse rompre la liaison des idées. Retranchez donc, selon l'avis que nous avons déjà donné dans le chapitre précédent, retranchez de vos discours ces phrases courtes, incidentes et sentencieuses, qui ne tiennent pas assez à celles qui les précèdent ou qui les suivent, pour être retenues facilement; ces petites idées qui n'ont pas assez de liaison avec les idées principales ; ces répétitions des mêmes choses presque dans les mêmes termes, ces fastidieuses énumérations, ces détails sans fin qui coûtent à retenir et qu'on oublie sitôt; en un mot, retranchez tout ce qui peut embarrasser la marche de l'esprit et obstruer le passage de la mémoire.

« Un style sans cesse coupé et sentencieux ne fera jamais, dit Maury, de puissantes impressions sur la multitude. L'éloquence demande un genre de diction étendu, majestueux, sublime, pour développer les mouvemens de l'ame et donner à la pensée tout son essor. Quiconque recommence à penser de ligne en ligne est toujours froid, lent, monotone et superficiel. » Rien ne coupe davantage le style et ne rompt plus la liaison des pensées que les sentences et les traits d'esprit. Ceci est facile à comprendre. « En effet, toute sentence, dit Quintilien, renferme un sens complet, après lequel un autre sens commence; d'où il résulte que l'ouvrage paraît décousu et plutôt formé de pièces et de morceaux que composé de plusieurs membres analogues; il manque alors de liaison, parce qu'il en est (de ces sentences) et de ces traits d'esprit isolés, comme des corps de figure ronde qui ne peuvent jamais, quelque effort qu'on fasse, s'emboîter et parfaitement cadrer juste les uns avec les autres. Nos idées, ajoute le même auteur, doivent non-seulement être placées avec beaucoup d'ordre, mais encore être si bien liées ensemble, qu'on n'en démêle pas la jointure : en sorte qu'elles forment un seul corps, et non pas simplement des membres épars. (*Lib.* 8, *cap.* 5, *et lib.* 7, *cap.* 10.)

« Cette lumineuse doctrine des anciens se retrouve en action et au degré le plus parfait dans les discours de Massillon. Jamais orateur n'a mieux justifié le bel emblème sous lequel les anciens ont peint la marche de l'éloquence, qu'ils comparent au cours non interrompu d'un ruisseau. Il n'emploie aucun de ces mouvemens brusques, aucun de ces tours forcés, aucune de ces transitions artificielles, qu'on imagine pour couvrir le vide et pour masquer la discordance des idées. Rien n'est isolé et vague dans sa composition. Une pensée ne s'y montre que pour en engendrer une autre. Les idées semblent se suivre au lieu de se chercher. Chaque alinéa y forme autant de tableaux, et ses sermons, où ils se trouvent tous placés à leur plus beau point de vue comme dans une riche galerie, présentent à notre admiration sans cesse renaissante une suite continue de propositions oratoires qu'il développe sans s'arrêter, sans hésiter, et surtout sans divaguer jamais. »

C'est lorsqu'on apprend un discours qu'on

s'aperçoit le mieux des choses qui y sont de trop ou qui ne sont pas à leur place. L'orateur fera bien de profiter de ses propres remarques pour retoucher sa composition en l'étudiant. L'expérience lui apprend tous les jours, selon que l'observe Maury, que les morceaux qu'il a le plus de peine à apprendre sont précisément ceux qui méritent le moins d'être appris : comme les meilleurs discours sont au contraire ces instructions naturelles et coulantes qu'il apprend facilement, et dont les auditeurs retiennent plus aisément le plan, les citations, les mouvemens et un plus grand nombre de tableaux ou de pensées.

20. Quand le discours est bien fait, ou du moins quand sa composition est passable, voici comment on procède pour le retenir. Avant d'apprendre les parties et les détails, il faut d'abord se bien mettre l'ensemble dans la tête et descendre toujours du général au particulier. Le plan est donc la première chose qu'il faut étudier. Quand on le possède assez pour pouvoir passer en revue les parties principales depuis l'exorde jusqu'à la péroraison, on fait pour chaque point ce qu'on a fait pour le tout. Dans cette première étude on ne fait nullement at-

Bonne méthode pour étudier un discours.

tention aux termes et aux expressions; on ne s'occupe uniquement que des choses. Quand cette opération est terminée, on s'applique à apprendre les parties du discours dont on a besoin de retenir non-seulement le fond, mais aussi la forme, afin de les débiter avec plus de force et de produire plus sûrement l'effet qu'on a en vue. Ces parties sont ordinairement l'exorde, les transitions, les textes et les citations, les tableaux et les mouvemens, certaines figures et tournures qu'il convient de conserver, et la péroraison. Pour le reste, on en retiendra ce qu'on pourra, selon son temps et sa facilité. Pourvu qu'on ait bien les choses dans la mémoire, les formes et les expressions pour les présenter viendront facilement. On ne se servira peut-être pas des mêmes termes que ceux qui sont dans le manuscrit, mais les mots et les tours qu'on emploiera vaudront ceux qu'on laissera, ou du moins pourront passer et ne nuiront point au succès. Quand même on ne serait pas si correct, on sera bien dédommagé par l'aisance et le naturel du débit.

Selon cette méthode, il faut ordinairement tout ou presque tout écrire.

21. Selon cette méthode, il faut que les orateurs sacrés, surtout ceux qui commencent, s'astreignent à tout ou presque tout écrire. C'est

ainsi qu'ont fait tous les grands maîtres et les plus célèbres prédicateurs. Ils ont rédigé leurs discours avant de les prononcer; mais, comme ils ont compris que l'action froide d'une simple lecture ou d'une simple récitation de mémoire ne permet aucun mouvement à celui qui parle, et ne peut exciter l'enthousiasme de ceux qui écoutent, ils ont cherché constamment à imiter les productions soudaines du génie, en travaillant à faire disparaître par la manière de prononcer le travail de la rédaction et celui de la mémoire. Ils sont rares les hommes qui n'éprouvent pas le besoin de fixer d'avance leurs idées par la rédaction; qui disposent quand ils veulent, et avec une sorte de souveraineté, des mots, des images, des figures, de toutes les richesses oratoires, et qui, soutenus par la conscience de leurs propres forces, produisent au-dehors, comme par inspiration, leurs sentimens et leurs pensées, avec l'ordre et l'énergie que la préparation la plus réfléchie ne garantit pas toujours. L'éloquence innée de ces hommes n'est pas l'ouvrage de l'art, mais un don de la nature (PORTALIS). Le commun des orateurs ne doit pas se hasarder sans avoir écrit. Ceux qui le font sont ordinairement diffus, languissans, sujets aux redites. Ils se perdent en digressions, disent de chaque chose ce qu'ils en savent sans ordre et sans rapport au sujet. Leurs pensées se noient pour ainsi dire dans un déluge de paroles.

Cas d'exception. 22. On ne doit, comme nous l'avons dit ailleurs, se permettre l'improvisation que dans les cas de nécessité. On se borne alors (selon la méthode que nous avons indiquée et qu'il est bon de rappeler ici en peu de mots) aux idées les plus abondantes, à celles qu'on possède le mieux. On les met en ordre et on s'essaie mentalement d'avance, afin d'être plus sûr de soi. Il y a des idées qui ont de l'apparence et qui n'ont pas de fond. L'essai en fait sentir le vide. On prend alors une autre direction. Si l'on a un peu de temps, il faut écrire une analyse nourrie, ou au moins un plan un peu large qui permette un développement intéressant, et éviter de se tenir dans des généralités ordinairement infructueuses, ou dans des lieux communs qui n'ont aucun résultat positif.

Selon la même méthode, il faut préférer le style simple. 23. Pour suivre plus facilement la méthode que nous conseillons, de ne pas apprendre tout le discours mot à mot, il convient de préférer le style simple et naturel à celui qui est plus poli et plus élégant. En effet, le style simple faisant voir aux auditeurs qu'on prêche sans prétention, ils portent toute leur attention sur les choses qu'on dit. Alors le prédicateur est plus libre. Il saisit sans se gêner les termes et les locutions qui se présentent, et il est satisfait lorsqu'il s'est fait bien comprendre par ses auditeurs, et qu'il leur a inspiré de bons sentimens. Celui au contraire qui cherche l'élégance est jugé selon sa prétention. On examine sa diction et son style; et l'attention sur le fond, qui est le principal, est considérablement diminuée. Le prédicateur est obligé, pour répondre à l'attente des auditeurs lettrés, de se rendre esclave des expressions et de suivre le plus strictement qu'il peut sa composition manuscrite. Alors quel travail pour sa mémoire, quelle inquiétude la crainte d'oublier quelque chose ne lui cause-t-elle pas? N'étant point accoutumé à s'exprimer sans limer ses phrases, dans quel embarras ne se trouve-t-il pas quand ce qu'il a écrit avec tant de soin ne se présente pas? Quel tourment pour son amour-propre quand il est obligé de rester court, de balbutier ou de recourir à son cahier! Il fait voir alors clairement qu'il ne sait point marcher seul et que ce qu'il débite lui a coûté un travail infini.

Ne vaut-il pas mieux s'accoutumer à un style facile qui met le prédicateur plus à l'aise, et qui est plus profitable à son salut et à celui de ses auditeurs?

<small>Les anciens n'apprenaient point mot à mot leurs discours.</small>

24. Les anciens n'apprenaient point mot à mot leurs discours. Ceux de Démosthènes, tels qu'ils sont sur le papier, marquent bien plus, dit Fénélon, la sublimité et la véhémence d'un grand génie accoutumé à parler fortement des affaires publiques, que l'exactitude et la politesse d'un homme qui compose. On voit dans différens endroits des harangues de Cicéron des choses nécessairement imprévues. Mais rapportons-nous-en à lui-même sur cette matière. Il veut, à la vérité, que l'orateur ait beaucoup de mémoire : il parle même de la mémoire artificielle comme d'une invention utile ; mais tout ce qu'il en dit ne marque point que l'on doive apprendre mot à mot ; au contraire, il paraît se borner à vouloir qu'on range exactement dans sa tête toutes les parties de son discours, et que l'on prémédite les figures et les principales expressions qu'on doit employer, se réservant d'y ajouter sur-le-champ ce que le besoin et la vue des objets pourrait inspirer; c'est pour cela même qu'il demande tant de di-

ligence et de présence d'esprit dans l'orateur.

Quintilien plaint fort ceux qui sont esclaves des mots. Il dit que cet esclavage est pour eux *un tourment;* qu'il le déteste, parce qu'il est pour les orateurs un obstacle à la rapidité de l'action ; qu'il éteint tout le feu de leur imagination par des pauses forcées et par la défiance où ils sont continuellement d'eux-mêmes, et qu'un orateur est bien misérable quand il ne peut se résoudre à perdre un seul mot ; qu'en s'attachant aux choses, les mots s'offriront d'eux-mêmes, parce qu'ils sont liés à la pensée, et qu'ils la suivent comme l'ombre suit le corps. (*Inst. or., lib.* 8.)

Nous avons de la peine à nous persuader qu'on puisse bien parler sans avoir réglé toutes ses paroles dans une composition soignée, et sans les avoir apprises mot pour mot pour les rendre dans le débit sans y rien changer. La mauvaise habitude qui règne aujourd'hui à ce sujet nous porte à penser que les anciens faisaient comme nous. C'est une erreur, comme on le voit par ce que nous venons de citer de Cicéron et de Quintilien. Les anciens suivaient la nature, et nous ne réussirons qu'en faisant comme eux. Ils écrivaient sans doute pour mieux diriger leur marche, ils apprenaient leurs discours, mais avec liberté et sans se rendre esclaves de leur composition et de leur mémoire. Alors ils débitaient avec aisance; ils ajoutaient à leurs discours, ou en retranchaient selon les circonstances et l'inspiration du moment, sans perdre le fil de leurs idées.

Les SS. Pères ont suivi la méthode des anciens.

25. Les saints Pères ont suivi la méthode des anciens. Nous n'avons pas leurs discours exactement tels qu'ils les avaient préparés dans le principe. Ils modifiaient souvent leur première composition, dont ils conservaient toujours le fond. Ce qui nous reste de leurs sermons a été rédigé en grande partie après la prononciation. C'est leur première rédaction perfectionnée par tout ce que le débit leur a inspiré dans le moment même où ils remarquaient l'effet de leurs paroles sur leurs auditeurs. Ce que nous lisons dans le livre de la *Doctrine chrétienne* de saint Augustin fait voir clairement que ce saint docteur n'apprenait point ses sermons par cœur.
« Quand on instruit, dit-il, une assemblée nom-
« breuse de quelque chose qu'elle souhaite beau-
« coup d'apprendre, d'ordinaire on voit dans
« les mouvemens et dans l'air du visage si l'in-
« struction est comprise, et jusqu'à tant qu'on

« s'en aperçoive, il faut tourner son sujet en
« différentes manières de s'exprimer, ce qui
« n'est pas au pouvoir de ceux qui préparent
« et qui apprennent par cœur et mot à mot
« ce qu'ils ont à dire en public. » Il dit ail-
« leurs : « Je commence, je continue et je
« finis mon discours selon la diversité des mou-
« vemens de mon cœur. » On doit, dit-il, à
tous la même charité, mais il ne faut pas employer le même remède pour tous. En effet, il
faut savoir parler aux auditeurs, selon leurs
besoins et selon les dispositions actuelles dans
lesquelles on les voit. Nous avons fait remarquer comment il savait mettre en pratique cet avis. Ayant, comme nous l'avons dit,
été chargé par son évêque de prêcher contre
certains abus, il commença le discours qu'il
avait préparé ; mais pendant le débit il le mo-
difia, parce qu'il s'aperçut que ce qu'il avait
écrit ne convenait plus à la disposition des esprits. On reconnaît là le véritable orateur.
Ceux qui sont accoutumés à ne rien dire que
ce qu'ils ont préparé et appris mot à mot, seraient fort embarrassés s'il fallait imiter saint
Augustin. Ils ont ordinairement plus de difficulté que les autres pour improviser. C'est l'ef-

fet de la mauvaise habitude qu'ils ont prise (1).

<small>Sentiment de saint François de Borgia.</small> 26. Saint François de Borgia, parlant de la méthode que nous conseillons, dit qu'elle est *la plus sûre et la plus usitée*, que la coutume d'apprendre ses discours en entier de mémoire est très-pénible, et qu'elle se pratique plutôt par de timides commençans que par ceux qui ont déjà de l'expérience dans le ministère de la parole. « Il me paraît en effet, dit-il, que de se « lier ainsi aux paroles, c'est ralentir la force

---

(1) « Si les gens qui apprennent leurs sermons par cœur, dit Fénélon, prêchaient sans cette préparation, ils prêcheraient apparemment fort mal. Je ne m'en étonne pas; ils ne sont pas accoutumés à suivre la nature; ils n'ont songé qu'à apprendre et à écrire. Jamais ils n'ont pensé à apprendre à parler d'une manière noble, forte et naturelle. D'ailleurs la plupart n'ont pas assez de fonds de doctrine pour se fier à eux-mêmes. La méthode d'apprendre par cœur met je ne sais combien d'esprits bornés et superficiels en état de faire des discours publics avec quelque éclat; il ne faut qu'assembler un certain nombre de pages et de pensées : si peu qu'on ait de génie et de secours, on donne, avec du temps, une forme polie à cette matière; mais, pour le reste, il faut une méditation sérieuse des premiers principes, une connaissance étendue des mœurs et de la force de raisonnement. »

« du discours et en arrêter le feu et la véhé-
« mence, et que le prédicateur qui s'y astreint
« reprend les vices avec moins de liberté (et
« moins d'à-propos), et parle avec moins de
« force, parce qu'il ne peut pas suivre les
« mouvemens que l'esprit de Dieu lui inspire
« dans le temps du sermon, et qui sont sou-
« vent plus capables de toucher et plus adap-
« tés aux dispositions actuelles des auditeurs. »
On voit que ces principes se rapportent parfaitement avec ceux de saint Augustin.

27. Le P. Aquaviva, général de la compa- Sentiment du
P. Aquaviva.
gnie de Jésus, s'exprime ainsi sur le sujet que
nous traitons, dans ses avis aux prédicateurs :
« La contrainte de la mémoire, dit-il, dimi-
« nue ordinairement le feu du débit, et nuit à
« un certain abandon qui sert beaucoup à prou-
« ver à l'auditeur qu'on parle du fond du cœur.
« D'ailleurs, ajoute-t-il, si on s'habitue à étu-
« dier tout au long ce que l'on prêche, il peut
« arriver que, la mémoire venant à manquer,
« on se trouve tout dérouté ; que, si l'on tire
« son cahier, on se fait regarder par les audi-
« teurs comme un homme qui ne prêche pas
« des vérités dont il soit intimement pénétré.
« Cette pensée est très-nuisible au fruit de la
« prédication. »

Sentiment d'A-belly.

28. Nous avons déjà eu occasion de citer Abelly sur cet article. Il veut, comme on l'a vu, qu'un orateur puisse modifier dans le moment même du débit ce qu'il a préparé pour mieux suivre les dispositions de ses auditeurs, comme le médecin modifie ses remèdes, en voyant de près les symptômes des maladies de ceux qu'il veut guérir. Selon lui, la coutume d'apprendre par cœur et de s'en tenir à ce qu'on écrit, a l'inconvénient d'empêcher l'orateur de faire à son discours les modifications que réclament les besoins présens des auditeurs. Cet inconvénient n'est pas le seul. Abelly, en faisant connaître son opinion sur la méthode que nous recommandons, en signale d'autres. « Il est impossible, dit-il, qu'un homme qui songe à ses mots s'abandonne à une grande ferveur, et j'ai souvent remarqué que ces sortes de discours (où l'on parle de mémoire) plaisent toujours, mais qu'ils n'enlèvent pas; ou plutôt il arrive très-souvent qu'ils n'ont rien qui ravisse, et je ne puis entendre un discours bien étudié, qu'il ne me semble voir une plate peinture, belle à la vérité, mais qui n'a que la surface : vous entendez de belles choses, mais vous apercevez qu'elles ne viennent pas de loin.

Les yeux de l'orateur, ou attachés à un seul objet, ou vagabonds sans dessein, ouverts sans rien voir, font paraître un discours prémédité, dans lequel je soupçonnerai toujours quelque embuscade pour surprendre ma crédulité. Ceux qui ne parlent pas de mémoire ont un style bien plus naturel; les auditeurs se confient, et ne craignent rien. On voit que c'est le cœur qui parle au cœur; on n'a pas tant d'égard aux paroles qui ne sont que pour la langue; et, en même temps que les auditeurs sont persuadés que le prédicateur ne vient pas là pour avoir leur suffrage et leur approbation, mais qu'il ne désire que leur salut, ils quittent la pensée de l'examiner, et ils s'appliquent à méditer les vérités qu'il annonce de tout son cœur. C'est là, ce me semble, cette manière de parler que Cicéron estime tant et qu'il appelle *loqui ex libidine*, c'est-à-dire parler de son fond avec facilité, mais encore davantage avec plaisir, et un certain désir secret, et une inclination naturelle, un besoin de produire ses pensées. Je ne dis pas qu'un langage barbare, un style grossier, et une élocution défectueuse, ait plus de beaux effets que l'élégance et la politesse; quand je le dirais, peut-être ne dirais-je que la vérité (1) et ce que j'ai vu; mais, pour ne pas m'engager dans un paradoxe si contraire au sentiment commun, je dirai seulement que j'entends qu'un homme qui parle correctement, à qui la lecture et la composition ont donné un style naturel, et qui se hasarde à parler comme il pense, quoique son discours soit moins exact et moins orné, est beaucoup plus animé, et fait infiniment plus d'impression qu'un autre qui parlerait par pure mémoire.

« Il faut, ajoute Abelly, composer et écrire avec toute l'exactitude dont on est capable, placer où il faut les preuves, les autorités, les raisons, les transitions et les mouvemens, étudier tout cela le plus fidèlement qu'on peut, comme si on avait dessein de le dire mot à mot, surtout les commencemens, les transitions et les figures les plus apparentes. Mais ensuite il est bon de

---

(1) Il est certain qu'un discours qui part d'une conviction profonde et d'un cœur embrâsé de zèle, quoique négligé sous le rapport de l'expression, produit plus d'effet qu'un discours soigné qu'on débite froidement après l'avoir appris de mémoire. Le peuple, qui a un goût naturel pour ce qui lui convient le mieux, préfèrera toujours le premier au second.

parler comme si on n'avait point étudié, ne point courir après un mot qui serait demeuré en chemin, s'abandonner au torrent du discours, et se rendre tellement le maître de tout, qu'il semble que l'on parle de l'abondance du cœur, et qu'on ne peut douter que l'on soit parfaitement persuadé de ce que l'on avance. »

29. Les mêmes principes sont professés par l'auteur du *Pastoral de Limoges* (1). « Il y a, dit-il, de grands inconvéniens à apprendre son sermon mot à mot. Car, comme il faut beaucoup de temps et de travail, cela est capable de rebuter absolument ceux dont la mémoire n'est pas fort heureuse, et ceux à qui de grandes occupations laissent peu de loisir, et enfin ceux qui ne veulent ou qui ne peuvent pas prendre

Sentiment de l'auteur du Pastoral de Limoges.

---

(1) Le *Traité de la prédication* que nous avons lu est composé selon l'ancienne méthode schoslastique. Il y a une infinité d'annonces, de divisions et de subdivisions, beaucoup de propositions générales, peu de détails et encore moins d'exemples. L'ouvrage de Grenade lui est bien supérieur sous tous les rapports. Il est vrai qu'on ne pouvait pas, dans un ouvrage qui traite de tous les devoirs ecclésiastiques, entrer dans des développemens bien étendus sur chacun d'eux. Il y a un volume entier sur la prédication. Ainsi cet article occupe le tiers de l'ouvrage, qui est en trois tomes.

une si grande peine. De plus, on ne laisse pas, nonobstant ce travail, d'être en danger de demeurer court, puisque le moindre objet peut distraire et interrompre le fil du discours; et même il ne faut souvent que l'oubli d'un seul mot pour faire perdre la mémoire de tout ce qui reste à dire.

« Saint François de Borgia (dont nous avons rapporté le sentiment, au n° 26) nous fournit une troisième raison. L'attache qu'on a aux mots, dit-il, semble empêcher l'activité du prédicateur, et lui ôte la hardiesse de se laisser aller aux repréhensions et aux autres saints mouvemens que l'esprit de Dieu lui inspire. La crainte d'oublier quelques mots fait qu'on n'ose

---

En supprimant quelques articles moins utiles on aurait pu trouver assez d'espace pour traiter certains points plus essentiels qui sont ou omis ou trop abrégés. Il est à regretter qu'en le réimprimant en 1830, on n'ait pas pensé à le rajeunir, et sous le rapport du fond, en y ajoutant ce que demandaient les circonstances actuelles, et sous le rapport de la forme, en la rendant plus attrayante. Si l'on ne voulait pas entreprendre un si grand travail, on pouvait du moins y joindre de nombreuses notes qui eussent rendu cette édition plus intéressante et plus utile.

dire que ce qui est écrit, et qu'on le dit, à peu près comme des enfans qui récitent leur leçon, d'une manière contrainte et toute languissante.

« Il est vrai que ceux qui commencent à prêcher ont d'ordinaire plus de besoin d'apprendre les expressions dont ils doivent se servir, de peur que, n'ayant pas encore assez d'exercice et de hardiesse, ils ne se troublent en prononçant leur sermon, et ne manquent faute de termes convenables. Mais cette précaution particulière n'est tout au plus nécessaire qu'aux commençans et aux personnes timides, ainsi que parle saint François de Borgia : *Incipientium et meticulosorum est*. Il faut donc pour l'ordinaire apprendre son discours *par jugement et par raison*, comme font les avocats et les professeurs de sciences, qui, sans s'arrêter à retenir tous les mots qu'ils doivent dire, apprennent ce qu'il y a d'essentiel dans les questions qu'ils veulent traiter, et en parlent ensuite d'une manière naturelle.

« C'est ainsi que le prédicateur se rendra indépendant des mots, et qu'il se ressouviendra mieux de son sermon ; car il y a cette différence entre la mémoire sensitive, qui n'est appuyée que sur les mots, et la mémoire intellectuelle, qui s'appuie sur les choses, que la première est extrêmement labile, et que ses idées s'effacent aisément, au lieu que l'autre ne se perd pas si facilement, étant fondée sur le jugement. »

L'auteur se fait ensuite cette question : Mais comment ceux qui n'ont pas une facilité naturelle à s'énoncer pourront-ils se rendre indépendans des mots qu'ils auront écrits? Quoique sa réponse renferme des avis que nous avons déjà donnés, il ne sera pas inutile de les rappeler ici, en citant ce qu'elle renferme de plus essentiel. Voici entre autres choses ce qu'il dit :

« Il sera utile d'essayer en son particulier si l'on pourra dire quelque point du sermon sans s'attacher aux termes. Il faudra le répéter plusieurs fois, jusqu'à ce qu'on soit en état de le dire d'une manière raisonnable, indépendamment des mots qui sont sur le papier. Après avoir essayé sur un point, on pourra faire la même chose sur les autres.

« Un autre moyen pour se rendre indépendant des termes est de bien apprendre ce qu'on a à dire, parce que les expressions suivent naturellement les choses qu'on a bien apprises. C'est aussi de bien disposer et de ranger dans un ordre naturel toutes les parties de son discours, puisqu'on retient aisément les choses qui sont bien ordonnées. De plus on peut faire quelques marques ou à la marge ou dans le corps de la feuille. (Voyez le n° 19.) Les choses étant bien disposées, il faut lire et relire posément et attentivement le sermon qu'on a composé, bien observer les marques qu'on a faites, et s'appliquer à l'apprendre exactement.

« Il est bon de faire cette lecture le soir avant de se coucher, mais particulièrement *la veille du sermon*, dit saint François de Borgia, *afin qu'au réveil les idées se présentent plus facilement à l'esprit, et qu'on s'en ressouvienne mieux. Le prédicateur pourra faire sa méditation sur le sujet de son sermon le jour qu'il doit prêcher*, dit le même saint, *afin de se convaincre lui-même de ce qu'il veut persuader aux autres*. Il est bon même, suivant son avis, de répéter une ou plusieurs fois son sermon en son particulier, avant de le dire, soit afin de l'imprimer plus avant dans sa mémoire, soit afin que, par ce moyen, on apprenne à se servir des termes propres à exprimer comme il faut ce qu'on a à dire. L'on doit s'attacher avec d'autant plus de soin à suivre cet avis, que l'on a moins de talent, et qu'on est moins exercé dans le ministère de la prédication. »

<small>Le P. Eudes n'apprenait ses discours qu'en substance.</small>

30. Le P. Eudes ne s'appliquait point à polir (1) ses discours et encore moins à les apprendre par cœur. Presque jamais il ne lui arriva de passer un temps considérable pour confier à sa mémoire un discours. Incapable de s'assujettir à ce genre de travail, après avoir médité profondément une vérité, avoir arrangé méthodiquement la matière qu'elle lui fournissait, et s'en être bien rempli, il s'abandonnait avec confiance au feu de son talent naturel. Si ses expressions n'étaient pas compassées, elles avaient au moins une simplicité et une énergie qui produisaient d'heureux effets sur ses auditeurs. L'exposition la plus simple lui paraissait assez ornée, dès qu'il n'avait rien omis de tout ce qui pouvait instruire, et qu'il avait proposé ses idées dans un ordre propre à les placer distinctement dans l'esprit du peuple qu'il évangélisait. Brydayne et tous les grands missionnaires n'avaient pas d'autre méthode. Ils n'apprenaient leurs instructions qu'en substance et

---

(1) « Il regardait, dit son historien, les ornemens du discours comme une parure superflue, propre à déguiser l'objet ou à partager l'attention. »

seulement pour posséder leur matière et ne pas dévier; puis ils s'abandonnaient à l'impulsion de leur zèle. Cette marche est la seule qui permette au prédicateur d'avoir de l'action et qui l'aide efficacement à produire du fruit dans les ames.

31. Saint Liguori, parlant des prédicateurs qui débitent exactement les discours qu'ils ont appris par cœur, dit qu'ils prêchent même au village d'un style qui est bien au-dessus de l'intelligence des pauvres habitans des campagnes. « Ils portent, dit-il, leurs discours dans la « mémoire, et, qu'ils parlent à des gens instruits « ou à des hommes tout-à-fait ignorans, ils « n'y changent jamais un mot. » Le saint cite ensuite les paroles d'un archevêque de Naples que nous avons rapportées dans sa lettre sur les missions. Ce prélat, comme on l'a vu, compare les prédicateurs dont nous parlons à des médecins qui n'ont qu'une seule recette pour tous leurs malades. *Ce que dit saint Liguori des prédicateurs qui débitent exactement les discours qu'ils ont appris par cœur.*

32. Fénélon, dans ses *dialogues sur l'éloquence*, s'élève avec force contre la coutume d'apprendre les discours mot pour mot. Voici quelques-unes de ses réflexions sur cet article. « Les prêtres étant appliqués à tout le détail du ministère, c'est-à-dire à administrer les sacre- *Sentiment de Fénélon.*

mens, à conduire les ames, à consoler les mourans et les affligés, ne pourraient point, dit-il, avoir le temps d'apprendre par cœur des sermons. Il faut souvent que la bouche parle selon l'abondance du cœur, c'est-à-dire qu'elle répande sur le peuple la plénitude de la science évangélique et les sentimens affectueux du prédicateur. C'était (comme nous l'avons dit) la méthode des saints Pères. Il faut, selon saint Augustin, que les prédicateurs parlent d'une manière encore plus claire et plus sensible que les autres gens, parce que, la coutume et la bienséance ne permettant pas de les interroger, ils doivent craindre de ne pas se proportionner assez à leurs auditeurs. C'est pourquoi, dit-il, ceux qui apprennent leurs sermons mot à mot, et qui ne peuvent répéter et éclaircir une vérité jusqu'à ce qu'ils remarquent qu'on l'a comprise, se privent d'un grand fruit. Vous voyez par-là que saint Augustin (nous l'avons déjà observé) se contentait de préparer les choses dans son esprit, sans mettre dans sa mémoire toutes les paroles de ses sermons. Quand même les règles de la vraie éloquence demanderaient quelque chose de plus, celles du ministère évangélique ne permettraient pas d'aller plus loin.

« Pendant qu'il y a tant de besoins pressans dans le christianisme, pendant que le prêtre, qui doit être l'homme de Dieu, préparé à toute bonne œuvre, devrait se hâter de déraciner l'ignorance et les scandales du champ de l'Église, je trouve qu'il est fort indigne de lui qu'il passe sa vie dans son cabinet à arrondir des périodes, à retoucher des portraits et à inventer des divisions; car, dès qu'on s'est mis sur le pied de ces sortes de prédicateurs, on n'a plus le temps de faire autre chose; on ne fait plus d'autre étude ni d'autre travail; encore même, pour se soulager, se réduit-on souvent à redire toujours les mêmes sermons. Quelle éloquence que celle d'un homme dont l'auditeur sait par avance toutes les expressions et tous les mouvemens! Vraiment, c'est bien là le moyen de surprendre, d'étonner, d'attendrir, de saisir et de persuader les hommes. Voilà une étrange manière de cacher l'art et de faire parler la nature. Pour moi, je le dis franchement, tout cela me scandalise. Quoi! le dispensateur des mystères de Dieu sera-t-il un déclamateur oisif, jaloux de sa réputation, et amoureux d'une vaine pompe? N'osera-t-il parler de Dieu à son peuple sans avoir rangé toutes ses paroles et appris, en écolier, sa leçon par cœur?

« Je mets d'un côté, dit encore Fénélon, un homme qui compose exactement tout son discours, et qui l'apprend par cœur; je suppose de l'autre un homme instruit qui a quelque facilité pour s'exprimer; un homme enfin, qui médite fortement tous les principes du sujet qu'il doit traiter, et dans toute leur étendue; qui s'en fait un ordre dans l'esprit; qui prépare les plus fortes expressions par lesquelles il veut rendre son sujet sensible; qui range toutes ses preuves; qui prépare un certain nombre de figures touchantes : cet homme sait tout ce qu'il doit dire et la place où il doit mettre chaque chose; il ne lui reste pour l'exécution qu'à trouver les expressions communes qui doivent faire le corps du discours. Elles se présenteront à lui; sans doute qu'elles ne seront pas si justes, si ornées que s'il les avait cherchées à loisir dans son cabinet et apprises avec soin; mais il ne perdra qu'un peu d'ornemens, et cette perte est peu de chose. D'un autre côté, que ne gagnera-t-il pas pour la liberté et pour la force de l'action?

(Si, au lieu d'une simple méditation du sujet

ou d'un plan purement idéal, il a écrit son discours avec un soin modéré et qu'il le possède en substance, c'est-à-dire par raison et par jugement, et plutôt par le fond et les choses que par les mots, alors il parlera avec bien plus de force, ses idées seront mieux ordonnées et il aura beaucoup plus de sécurité et d'assurance dans le débit). Les périodes n'amuseront pas tant l'oreille; tant mieux, il en sera meilleur orateur : ses transitions ne seront pas si fines ; n'importe, ces négligences lui seront communes avec les plus éloquens orateurs de l'antiquité, qui ont cru qu'il fallait par-là imiter souvent la nature, et ne pas montrer une trop grande préparation. Que lui manquera-t-il donc? il fera quelque petite répétition : mais elle ne sera pas inutile; non-seulement l'auditeur de bon goût prendra plaisir à y reconnaître la nature qui reprend souvent ce qui la frappe davantage dans un sujet, mais cette répétition imprimera plus fortement les vérités; c'est la véritable manière d'instruire. Tout au plus trouvera-t-on dans son discours quelque construction peu exacte, quelque terme impropre ou censuré par l'Académie, quelque chose d'irrégulier, ou, si vous voulez, de faible et de mal placé, qui lui aura échappé dans la chaleur de l'action. Il faudrait avoir l'esprit bien petit pour croire que ces fautes-là fussent grandes : on en trouvera de cette nature dans les plus excellens originaux. Les plus habiles dans les anciens les ont méprisées. Si nous avions d'aussi grandes vues qu'eux, nous ne serions guère occupés de ces minuties. Il n'y a que les gens qui ne sont pas propres à discerner les grandes choses qui s'amusent à celles-là.

Un homme qui n'apprend point par cœur se possède, il parle naturellement, les choses coulent de source; les expressions sont vives et pleines de mouvement; la chaleur même qui l'anime lui fait trouver des expressions et des figures qu'il n'aurait pu préparer dans son étude. Ce qu'on trouve dans la chaleur de l'action est tout autrement sensible et naturel; il a un air négligé et ne sent point l'art, comme presque toutes les choses composées à loisir. Ajoutez qu'un orateur habile et expérimenté proportionne les choses à l'impression qu'il voit qu'elles font sur l'auditeur; car il remarque fort bien ce qui entre et ce qui n'entre pas dans l'esprit, ce qui attire l'attention, ce qui touche les cœurs et ce qui ne fait point ces effets. Il reprend les mêmes choses d'une autre manière; il les revêt d'images et de comparaisons plus sensibles; ou bien il remonte aux principes d'où dépendent des vérités qu'il veut persuader, ou bien il tâche de guérir les passions qui empêchent ces vérités de faire impression. Voilà le véritable art d'instruire et de persuader; sans ces moyens, on ne fait que des déclamations vagues et infructueuses.

« Voyez, continue Fénélon, combien l'orateur qui ne parle que par cœur est loin de ce but. Représentez-vous un homme qui n'oserait dire que sa leçon; tout est nécessairement compassé dans son style, et il lui arrive ce que Denys d'Halicarnasse remarque qui est arrivé à Isocrate. Sa composition est meilleure à être lue qu'à être prononcée; d'ailleurs, quoi qu'il fasse, ses inflexions de voix sont uniformes et toujours un peu forcées; ce n'est point un homme qui parle, c'est un orateur qui récite ou qui déclame; son action est contrainte; ses yeux trop arrêtés marquent que sa mémoire travaille, et il ne peut s'abandonner à un mouvement extraordinaire sans se mettre en danger de perdre le fil de son discours. L'auditeur, voyant l'art si à découvert, bien loin d'être saisi et transporté hors de lui-même, comme il le faudrait, observe froidement tout l'artifice du discours et le but essentiel de la prédication est manqué. »

Sentiment de La Bruyère.

33. La Bruyère partageait entièrement les principes de Fénélon sur la nécessité des discours simples et sur la méthode de ne point apprendre par cœur. « Il me semble, dit-il, qu'un prédicateur devrait faire choix dans chaque discours d'une vérité unique, mais capitale, terrible ou instructive, la manier à fond et l'épuiser; abandonner toutes ces divisions si recherchées, si retournées, si remaniées et si différenciées; ne point supposer ce qui est faux, je veux dire que le grand ou le beau monde sait sa religion et ses devoirs, et ne pas appréhender de faire, ou à ces bonnes têtes, ou à ces esprits si raffinés, *des Catéchismes;* ce temps si long que l'on use à composer un long ouvrage, l'employer à se rendre si maître de sa matière, que le tour et les expressions naissent dans l'action et coulent de source; se livrer, après une certaine préparation, à son génie et aux mouvemens qu'un grand sujet peut inspirer; qu'il pourrait enfin s'épargner ces prodigieux efforts de mémoire qui ressemblent mieux à une ga-

geure qu'à une affaire sérieuse, qui corrompent le geste et défigurent le visage; jeter au contraire, par un bel enthousiasme, la persuasion dans les esprits et l'alarme dans le cœur, et toucher ses auditeurs d'une tout autre crainte que de celle de le voir demeurer court. »

CHAPITRE XII.

DE L'ACTION ORATOIRE.

Importance de l'action oratoire.

1. Ce serait en vain qu'on aurait bien composé et bien appris un discours, si l'on ne savait point le débiter. C'est par le débit que doivent se terminer toutes les opérations dont nous avons parlé jusqu'ici. On ne prépare un discours et on ne l'apprend que pour communiquer à un auditoire les choses qu'il renferme. Cette communication se fait par la prononciation. Une bonne composition sert peu quand le débit n'y répond pas. « Beaucoup de prédicateurs, dit Grenade, qui ne manquent ni d'érudition pour approfondir les matières qu'ils traitent, ni d'éloquence pour écrire et composer, ni de zèle et de piété pour édifier par leur bonne vie, paraissent néanmoins si ennuyeux et si fatigans dans leurs sermons, qu'il n'y a presque personne qui ne se lasse de les entendre ; ce qui ne vient que du seul défaut de cette faculté de bien prononcer dont ils sont destitués. »

CHAPITRE XII. — N° 1.

Voici comment Quintilien parle des avantages d'une bonne prononciation et d'un heureux débit dans le chapitre III du onzième livre de l'*Institution de l'Orateur*. « Elle est, dit-il, d'une force merveilleuse dans le discours ; car il n'importe pas tant que ce que nous avons écrit ou médité soit bien, qu'il importe de le bien prononcer, parce qu'il ne fait impression sur l'esprit de l'auditeur que selon qu'il l'entend. C'est pourquoi de toutes les preuves que l'orateur tire de son propre fond, il n'y en a pas une, si forte qu'elle soit, qui ne paraisse faible, si elle n'est soutenue d'un certain ton affirmatif, et c'est une nécessité que les sentimens et les passions languissent, si la voix, le visage et tout l'extérieur de celui qui parle ne les embrâsent, pour ainsi dire.

« Que la prononciation ait des charmes si puissans, nous en avons une preuve, même dans les comédiens, qui ajoutent tant de graces aux pièces les plus belles, que nous aimons encore mieux entendre réciter ces pièces que d'en faire nous-mêmes la lecture, et qui savent attirer de l'attention aux plus mauvaises et à des riens ; en sorte que telle pièce, à laquelle nous ne daignerions pas donner place dans nos bibliothèques, souvent ne laisse pas de réussir au théâtre. Que si, en des sujets que nous regardons comme de pures fictions, l'action peut nous intéresser au point de nous causer du trouble et de l'inquiétude, de nous tirer des larmes des yeux ou de nous enflammer de passion, que ne doit-elle point faire en des choses qui non-seulement sont réelles et vraies, mais auxquelles nous ajoutons foi? Pour moi, je ne fais pas difficulté d'avancer qu'un discours médiocre, qui sera soutenu de toutes les forces, de tous les agrémens de l'action, fera plus d'effet que le plus beau discours qui en serait dénué. »

C'est pourquoi Cicéron dit avec beaucoup de raison, et confirme par les témoignages de Démosthènes et d'Eschine son rival, que l'action est ce qu'il y a de plus important dans l'éloquence. Dans son *Dialogue de l'Orateur*, après avoir éloquemment expliqué les plus belles qualités de l'éloquence, il parle de celle-ci à la fin de tout l'ouvrage en ces termes : « Mais tous ces avantages, c'est l'action qui les fait valoir. L'action domine dans l'art de la parole : sans elle, le meilleur orateur n'obtiendra aucun succès; avec elle un orateur médiocre l'em-

porte souvent sur le plus habile. On demandait à Démosthènes quelle était la principale qualité de l'orateur, il répondit: *l'action;* quelle était la seconde, puis la troisième, et il répondit toujours : *l'action.* C'est ce qui fait mieux sentir la justesse de ce mot d'Eschine. Après la condamnation déshonorante qui le fit sortir d'Athènes, il s'était retiré à Rhodes. Les Rhodiens le prièrent de leur lire la belle harangue qu'il avait prononcée contre Ctésiphon, et dans laquelle il attaquait Démosthènes ; il y consentit. Le lendemain on le pria de lire aussi la réponse de Démosthènes en faveur de Ctésiphon; il la lut avec un ton de voix plein de force et de grace; et, comme tout le monde se récriait d'admiration : Que serait-ce, dit Eschine, si vous l'eussiez entendu lui-même? Il montrait assez par-là quelle puissance il attribuait à l'action, lui qui croyait que le même discours pouvait sembler tout autre dans une autre bouche. D'où venait cette célébrité que Gracchus avait dans mon enfance, et dont vous vous souvenez mieux que moi, Catulus? lorsqu'il s'écria :
« Misérable! où irai-je? quel asile me reste-t-
« il? Le Capitole? il est inondé du sang de mon
« frère; ma maison? j'y verrais ma malheu-

« reuse mère fondre en larmes et mourir de
« douleur. » Son regard, sa voix, son geste
furent, dit-on, si touchans, que ses ennemis
eux-mêmes en versèrent des pleurs. »

Quintilien dit encore, d'après Cicéron, que
c'est par la prononciation et le débit qu'Antoine
et Crassus eurent de si grands succès dans leurs
discours, et surtout Hortensius; « et ce qui
me le persuade à l'égard de celui-ci, ajoute
Quintilien, c'est que ses écrits ne répondent
pas tout-à-fait à sa haute réputation, bien
qu'on l'ait regardé long-temps comme le premier orateur de son siècle, qu'ensuite il ait été
le rival de Cicéron, et que, sur la fin de ses
jours, il ait du moins occupé le second rang.
Ainsi, il faut bien qu'il y ait eu dans sa manière
de prononcer des charmes que nous ne trouvons point dans la lecture de ses ouvrages.
Supposé en effet, comme on ne peut en douter,
que les mots aient une force considérable par
eux-mêmes; que la voix ait aussi une vertu
particulière qu'elle communique aux choses, et
qu'il y ait pareillement dans le geste et dans
les mouvemens du corps une certaine expression, ne faut-il pas convenir que, quand tout
cela conspire ensemble, il doit s'en former

quelque chose d'admirable et de parfait? »

2. « L'abbé Poulle, dit Maury, et le P. Renaud, ancien oratorien, ont réuni de nos jours à leurs autres talens une très-intéressante et souvent très-belle manière de dire, quoique l'action naturellement maniérée du premier ne fût pas exempte d'affectation; aucun prédicateur du dernier siècle n'a pu les égaler en ce genre. Le P. Renaud était si convaincu du prestige que sa *voix veloutée* et la magie de son débit ajoutait à sa composition, que, malgré tous ses succès, il n'a jamais osé publier un seul de ses sermons, pas même son panégyrique de saint Louis, prononcé devant l'Académie française. Quand on le pressait, dans sa vieillesse, de les faire imprimer : *Très-volontiers*, répondait-il, *pourvu qu'on imprime en même temps le prédicateur.* »

^{De l'action de quelques prédicateurs modernes.}

Nous pouvons citer un exemple tout opposé et qui fait voir, comme nous l'avons observé, que la meilleure composition devient stérile quand elle n'est pas soutenue par le débit. Cet exemple est celui de l'abbé Richard dont on a imprimé les sermons en 1822. Son action était presque nulle. Une voix faible, un débit rapide et monotone, et des inflexions de voix souvent disgracieuses, ennuyaient, fatiguaient presque toujours, dans les grandes églises, ceux des auditeurs qui ne pouvaient le suivre. Ses sermons offrent aux contemporains des richesses que la plupart n'ont pu apprécier et qui paraissent avec éclat, quoique dépouillées de toutes les illusions dont aurait pu les parer un débit noble et gracieux; tandis qu'une foule d'autres sermons ont trouvé dans l'impression le terme des grands succès qu'ils avaient obtenus dans la chaire. Nous devons dire pourtant qu'une ame, si profondément pénétrée des grandes vérités qu'elle annonçait, ne pouvait dissimuler tout-à-fait le sentiment, le feu sacré qui les avait dictées et dépeintes avec tant de vigueur et d'onction; aussi les reconnaissait-on facilement dans les yeux, dans les traits du visage de l'orateur, partout, et notamment dans les oratoires particuliers, où la facilité de suivre le fil de ses discours faisait oublier la faiblesse, ou plutôt la nullité des autres parties de l'action. Il n'en est pas moins vrai que, pour les avoir trop négligées, l'abbé Richard n'a pas recueilli, il s'en faut de beaucoup, **tous les fruits que pouvaient produire ses excellens sermons.** Puisse cet exemple servir de leçon aux jeunes élèves du sanctuaire qui se préparent à annoncer la parole de Dieu! (Préf. *des serm. de l'abbé Richard.*)

3. Nous savons que le beau débit est un don de la nature et que le travail ne donnera jamais ce talent à celui qui ne l'a pas naturellement. C'est en vain qu'on demanderait à l'art oratoire des organes dont la nature a privé. Quiconque n'a pas même les dispositions physiques requises pour se faire entendre par la parole n'est point appelé au ministère de la chaire. Les règles ne regardent que ceux qui sont en état d'en profiter. Elles peuvent les préserver des défauts qui nuisent au succès dans l'action et servir à les en corriger s'ils les avaient contractés. Comme les jeunes orateurs n'ont pas toujours des moniteurs qui les avertissent quand ils manquent, et que plusieurs, il faut le dire, n'ont pas assez de docilité et d'humilité pour les écouter, c'est leur rendre service que de leur présenter des observations qui peuvent porter leur attention sur des défauts qu'ils ne remarquent pas assez en eux-mêmes. On en parle autour d'eux dans toutes les occasions, et ils sont les seuls à qui l'on n'en dit rien, parce qu'ils ont le malheur d'avoir

<small>A qui les règles sur l'action oratoire peuvent être utiles.</small>

trop de susceptibilité. Un livre peut se faire entendre sans blesser l'amour-propre, et chacun peut profiter des leçons qui s'y trouvent sans s'en offenser.

Motifs d'encouragement pour ceux qui ont peu de facilité pour l'action et le débit.

4. Il ne faut pas que ceux qui ont peu de facilité pour l'action et le débit se découragent. Ils doivent se contenter de la part que la providence leur a faite, et entrer dans ses desseins. Elle distribue ses dons comme elle le juge à propos. Chacun a ce qui convient à sa destination. Le souverain distributeur des talens ne réunit pas ordinairement tous ses dons dans le même individu. Tel qui compose bien n'a pas le talent du débit, et tel qui débite bien, souvent compose mal. Il faut que l'homme paraisse toujours par quelque endroit. Assez souvent des défauts notables sont joints aux grands talens. Les faiblesses servent de contre-poids aux qualités qui ont de l'éclat, et préservent de l'orgueil ceux qui en sont favorisés.

Le P. Rapin, après avoir exposé tout ce que l'action oratoire doit réunir pour être parfaite, continue ainsi : « L'assemblage de ces qualités extérieures est si rare, qu'il n'y a eu presque qu'un seul prédicateur en ce siècle qui ait eu, ce me semble, ce naturel achevé pour la prédication. Outre la vivacité d'imagination et la netteté d'esprit, qu'il avait en un souverain degré, et qui lui donnait une grande facilité à s'expliquer, il avait encore un talent, pour la prononciation, le plus accompli qui fut jamais. Car on peut dire qu'il était orateur du visage, de la voix, du geste, et de tout son extérieur : il faisait de ses yeux ce qu'il voulait, il donnait l'inflexion à sa voix, l'air à son visage, le tour à son geste et l'agrément à son discours, tel qu'il lui plaisait. Jamais peut-être orateur n'eut un talent si merveilleux pour se faire écouter, et comme personne ne fut jamais plus maître de ce qu'il disait, ni même de la manière dont il le disait, il donnait à l'esprit de ses auditeurs les impressions qu'il voulait. Les plus grands lieux où il prêchait étaient trop petits pour suffire au concours de ceux qui le suivaient. L'on dressait, dans les grandes églises de Paris, des machines pour se placer et des théâtres pour l'entendre. Quoique la trop grande facilité qu'il avait de s'expliquer lui ôtât d'ordinaire le soin de se préparer, il soutenait toutefois si fort de son action ce qu'il y avait de plus négligé dans son discours, qu'il le faisait passer, par sa manière de le dire. Les choses les plus communes, dans sa bouche, étaient écoutées avec le même applaudissement que ce que les plus habiles prédicateurs disaient de plus extraordinaire. Il eût été lui-même le prédicateur le plus accompli qui fut jamais, si son jugement et sa capacité eussent répondu à ses autres talens, et s'il n'eût été si excessif dans son action, qui exprimait trop, et qui n'avait pas toute la gravité que demande la sainteté de la chaire. »

La providence dédommage toujours par quelque côté ceux qu'elle prive des grands talens. D'ailleurs, elle peut se servir pour ses œuvres des plus faibles instrumens. Elle le fait même ordinairement, afin qu'on n'attribue pas à l'homme ce qui n'est pas son ouvrage. On aperçoit toujours le doigt de Dieu dans les opérations extérieures de sa puissance. Les dons éclatans sont dangereux à ceux qui n'ont pas une grande vertu pour les porter. Loin de les désirer, nous devons au contraire nous réjouir de n'avoir que des qualités médiocres avec lesquelles nous pouvons plus sûrement nous sauver en faisant le bien. Que ceux qui n'ont pas un débit facile ne s'affligent pas de cette privation. Ils feront du fruit à la mesure que Dieu voudra permettre. Pourvu qu'ils ne négligent rien de ce qui est en leur pouvoir, ce fruit sera souvent au-delà de ce qu'ils pouvaient attendre. Saint François de Sales n'avait pas un beau débit; ses gestes et sa prononciation avaient quelque chose de lent et de pesant. Cependant il convertit un grand nombre d'ames. Le cardinal Borromée, successeur de saint Charles, manquait de facilité, et néanmoins, selon le rapport du saint évêque de Genève, il faisait des merveilles. Quelle que soit donc la mesure de dispositions que nous ayions reçues de la nature, il faut la cultiver. Nous devons étudier les règles qui regardent le débit, surtout pour corriger ce que nous pouvons avoir de défectueux dans la prononciation et dans le geste, et nous efforcer de faire valoir le talent que Dieu nous a confié.

5. La règle générale sur l'action oratoire est de dire les choses comme la nature même nous l'enseigne. Tout ce qui s'éloigne de ce qui est naturel s'éloigne aussi des convenances oratoires. « Tout l'art, dit Grenade, ne consiste qu'à bien exprimer la manière naturelle de s'énoncer. Il y a lieu de s'étonner qu'il y ait si peu de prédicateurs qui veuillent prendre en cela la nature pour guide, n'y ayant rien qui sem-

La règle générale sur l'action oratoire est de suivre la nature.

ble plus facile que de suivre les mouvemens qu'elle imprime dans tous les hommes.

« Pour vous marquer, ajoute-t-il, plus évidemment ce que je pense sur ce sujet, et quel est mon véritable sentiment, je vous rapporterai ce qui m'est arrivé relativement à un prédicateur encore tout neuf qui commençait à prêcher. Ce jeune homme vint me prier d'aller l'entendre, et de lui faire connaître ensuite les défauts que j'aurais remarqués en sa manière de prêcher, afin qu'il pût s'en corriger avec plus de facilité, en étant averti. J'y allai; mais il prononça tout son sermon, qu'il avait appris mot à mot, avec une ennuyeuse et continuelle monotonie, sans varier le ton de sa voix; et, lorsqu'après le sermon fini, je m'en retournais au couvent, je vis dans la rue deux femmes qui se querellaient fortement; et, comme elles parlaient toutes deux selon les véritables mouvemens de leur cœur, elles fléchissaient et diversifiaient leur voix selon les différens mouvemens dont elles étaient animées; et cette diversité de tons produisait en elles une prononciation variée, qui est l'agrément de l'action. Je ne pus m'empêcher de dire alors au religieux qui m'accompagnait : **Si ce prédicateur que nous venons d'entendre avait** vu ces femmes se disputer, et qu'il eût imité leur manière de prononcer, il ne lui manquerait rien pour l'agrément de l'action, dont il est entièrement dépourvu.

« Il suit de là que, comme les peintres qui veulent représenter des arbres, des oiseaux ou d'autres animaux, s'étudient principalement à les copier au vif et au naturel autant qu'il est possible, afin qu'en les voyant on ne les prenne pas tant pour des images peintes que pour les objets qu'elles représentent : ainsi, le prédicateur doit observer avec soin la manière de parler la plus naturelle aux hommes et surtout à ceux qui s'énoncent avec plus de justesse et plus de grace, et cette seule observation lui apprendra tout ce que nous enseignons ici dans un long discours.

« Quelque facile et naturelle que paraisse cette partie de l'éloquence, il y en a cependant beaucoup qui ne peuvent y atteindre, et surtout ceux qui apprennent par cœur et mot à mot tous leurs sermons, et vont les débiter ensuite, en les prononçant d'un même ton de voix, comme les aveugles qui demandent l'aumône. Je ne dis cela qu'afin que le prédicateur zélé comprenne plus aisément la fin à laquelle doivent uniquement se rappor tertoutes les observations et toutes les règles de cette partie; car elles tendent toutes, en effet, à nous enseigner à suivre la manière de proclamer que la nature seule, et sans le secours d'aucun maître, enseigne à tous les hommes. Quiconque l'aura une fois bien acquise, n'aura pas grand besoin des préceptes que nous en donnons. »

Si nous entrons dans quelques détails, c'est parce que l'expérience fait voir que la nature n'est ordinairement pas assez consultée. Ses leçons sont faciles et à la portée de tous, mais on ne l'écoute pas. « Je vois, disait Grenade, très-peu de prédicateurs qui sachent la manière naturelle de s'énoncer. Ce qui est d'autant plus déplorable, que le défaut de ce talent pour le débit se rencontre en quelques-uns qui, possédant d'ailleurs toutes les autres parties de l'éloquence, ne laissent pas de perdre par ce seul défaut tout le fruit et toute l'utilité de leur travail. » On peut faire aujourd'hui la même observation.

Observations sur la règle précédente. 6. Quand on dit qu'il faut dans l'action suivre la nature et imiter ce qu'on voit dans la société, ceci ne doit pas être pris trop à la lettre. Il y a pour la chaire une certaine gravité qui s'éloigne d'un côté de la familiarité des entretiens particuliers, et de l'autre de l'affectation du théâtre. Ce serait donc mal interpréter la règle que nous avons donnée que de transporter dans la chaire les libertés qu'on se permet dans les relations ordinaires. Il faut imiter la nature dans son beau, comme les peintres, et laisser tout ce qui est ridicule et trivial.

Le genre du théâtre est encore plus inconvenant que tout autre pour la chaire. Tout y est affecté, exagéré, et porte à faux, parce que le fond manque. Les personnages ne sont nullement ce qu'ils paraissent être. On joue des rôles qui n'ont de réalité que dans l'extérieur. Si les décorations, les instrumens et tout l'appareil de la représentation ne venaient en aide à l'imagination des auditeurs, l'action serait sans effet.

7. Il faut bien se garder, pour ce qui regarde l'action, de forcer son genre pour imiter un prédicateur qui plaît. On se rendrait ridicule. Conservez ce que vous avez reçu de la nature et ne profitez de ce que vous voyez dans les autres que pour corriger les défauts que vous reconnaissez en vous. M. Camus, évêque

Il ne faut pas forcer son genre pour imiter un autre prédicateur. — Trait de M. Camus, évêque de Belley.

de Belley, voulut un jour imiter saint François de Sales, et son essai fut pour lui une bonne leçon. Elle pourra servir à d'autres. Écoutons-le raconter lui-même le fait. « J'avais le saint en si haute estime, dit-il, que toutes ses façons de faire me ravissaient. Il me vint en esprit de l'imiter dans sa manière de prêcher. Ne vous imaginez pas, néanmoins, que je voulusse l'imiter en la hauteur de ses pensées, en la profondeur de sa doctrine, en la force de ses raisonnemens, en la bonté de son jugement, en la douceur de ses paroles, en l'ordre et la liaison si juste de ses discours et en cette douceur incomparable qui arrachait les rochers de leur place. Tout cela était hors de ma portée. Je fis comme ces mouches qui, ne pouvant se prendre au poli de la glace d'un miroir, s'arrêtent sur la bordure. Je m'amusai, et, comme vous allez entendre, je m'abusai, en me voulant conformer à son action extérieure, à ses gestes, à sa prononciation; tout cela en lui était lent et posé, pour ne pas dire pesant, à cause de sa constitution corporelle qui le nécessitait à cette façon de faire. La mienne était tout autre; je fis une métamorphose si étrange, que je n'étais plus reconnaissable, ce n'était plus moi, et au lieu de cette vivacité et promptitude qu'on avait vue auparavant en moi, je semblais devenu tout de glace. J'avais gâté mon propre original, pour faire une fort mauvaise copie de celui que je voulais imiter.

« Notre saint fut averti de tout ce mystère, et voulut appliquer le remède à ce mal; c'est pourquoi il me dit un jour, après avoir bien tournoyé autour de la perdrix, pour la coucher en joue : A propos de sermons, mais il y a bien des nouvelles ; on m'a dit qu'il vous a pris envie de contrefaire l'évêque de Genève en prêchant. Je repoussai cet assaut en lui disant : Hé bien ! est-ce un si mauvais modèle, à votre avis ? Ne prêche-t-il pas mieux que moi ? Ah ! certes, répliqua-t-il, voilà une attaque de réputation ; mais le pis est, que l'on m'a dit que vous l'imitez si mal, que l'on n'y connaît rien, sinon un essai si imparfait; qu'en gâtant l'évêque de Belley, vous ne représentez nullement celui de Genève ; de sorte qu'il serait nécessaire d'imiter ce mauvais peintre, qui écrivait le nom de ce qu'il voulait peindre sur les figures qu'il barbouillait. Laissez-le faire, repris-je, et vous verrez que petit à petit, d'apprenti il deviendra maître, et que ses copies à la fin passeront pour des originaux.

« Badinage à part, reprit-il, vous vous gâtez, et vous démolissez un beau bâtiment, pour en faire un contre toutes les règles de la nature et de l'art; et puis, à l'âge où vous êtes, quand vous aurez, comme le camelot, pris un mauvais pli, il ne sera pas aisé de le changer. J'ai de la peine à trouver mes mots, plus encore à les prononcer. Je suis plus lourd qu'une souche; je ne puis ni m'émouvoir ni émouvoir les autres; je sue beaucoup, et n'avance guère; vous allez à pleines voiles, et moi à la rame; vous volez, et je rampe ou je me traîne comme une tortue; et maintenant on dit que vous pesez vos mots, que vous comptez vos périodes, que vous traînez l'aile, que vous languissez, et faites languir vos auditeurs.

« Je vous dirai, ajoute M. de Belley en terminant ce récit, que cette médecine fut si efficace, qu'elle me purgea de cette douce erreur, et me fit reprendre mon premier train. Dieu veuille que ce soit pour sa gloire! »

Des causes générales qui rendent l'action vicieuse.
1re CAUSE. — Le désir de plaire.

8. Outre le travail de la mémoire dont nous avons parlé, il y a deux causes générales qui rendent l'action vicieuse. La première est *le désir de plaire*. Il fait tomber dans l'affectation. « Une action trop étudiée, dit Besplas,

suffit pour faire perdre tout le fruit du discours. Quelques prédicateurs montent en chaire, moins pleins de leur sujet que d'eux-mêmes, cherchant, par des tours affectés, à tourner vers eux seuls l'attention de l'auditoire. De tels orateurs trahissent non-seulement la majesté sévère de l'éloquence, mais manquent encore le but que leur amour-propre s'est proposé. Ils oublient que les yeux de l'auditeur, recueillis par la religion, fortifiés quelquefois par l'envie, et par elle rendus infiniment pénétrans, ne perdent pas un seul des mouvemens ni des gestes de celui qui parle. On voit un homme où l'on cherchait l'envoyé de Dieu. La nature n'est pas moins blessée que la religion : comment se persuader que des passions si occupées d'elles-mêmes sont réelles? Rien ne maîtrise le feu, rien ne l'imite que le feu lui-même. »

9. La seconde cause est *la crainte de déplaire* ou la pusillanimité. « L'orateur, dit Girard, se défie trop de lui-même ; il se trouble souvent dès le commencement de son discours. Il perd la liberté et l'aisance. Des tons de voix étouffés ou faux, des inflexions coupées, suspendues, sans développement et sans mesure, des gestes

<small>2ᵉ CAUSE. — La crainte de déplaire ou la pusillanimité.</small>

étroits, des mouvemens restreints, annoncent dans toute son action un embarras et une gêne qui fatigue l'auditeur et le met lui-même à la torture. Il déplaît au-delà même de ses craintes.

« Ainsi, dit le même auteur, trop désirer de plaire, craindre trop de déplaire, sont deux écueils également funestes. Ceux qui donnent dans le premier sont ordinairement plus hardis; ceux qui donnent dans le second, plus timides; mais les résultats sont les mêmes; leur action est mauvaise, leurs fautes ont une source commune, qui est un amour-propre déréglé et mal entendu. Néanmoins celle des uns déplaît plus que celle des autres, parce que l'affectation est voisine de l'orgueil auquel personne ne pardonne, et que la timidité se rapproche plus d'une apparence de modestie, qui inspire toujours quelque intérêt.

Moyen d'éviter ces défauts. 10. Le moyen d'éviter ces défauts est de n'envisager que Dieu et de ne chercher que lui. C'est de se mettre, comme saint Paul, fort peu en peine des jugemens des hommes. « Il m'im-
« porte peu, écrivait-il aux Corinthiens, d'être
« jugé par vous ou par quelque homme que ce
« soit. » *Mihi autem pro minimo est ut a*

vobis judicer, aut ab humano die (1 Cor., 4, 3). Tant qu'on aura la faiblesse de chercher à plaire au monde ou qu'on se laissera dominer par la crainte de ses censures, on ne réussira point, même sous le rapport oratoire, c'est-à-dire qu'on perdra tout, puisqu'on ne peut douter que cette disposition déplaît à Dieu et qu'elle arrête ses graces.

Ainsi donc, orateur chrétien, dans votre propre intérêt et dans celui de vos auditeurs, mettez-vous au-dessus des considérations de l'amour-propre. Ne vous proposez d'autre but que la gloire de Dieu et le salut des ames, et vous gagnerez tout, même l'accessoire de l'art, même la considération que vous ne chercherez pas. « Maître de vous-même, tout entier à votre sujet, vous ne désirerez plus de plaire, vous ne craindrez plus de déplaire; vous n'y penserez point, et c'est par-là même que vous plairez infiniment. » (Girard.)

11. Le principal moyen d'avoir une action naturelle est d'être bien pénétré de ce qu'on dit. Alors on trouve sans peine et par une sorte d'instinct le ton de la voix et le geste convenables, comme il est aisé de le remarquer dans les personnes qui sont agitées de quelques pas-

sions (1). C'était le sentiment de saint François de Sales, qui, dans une de ses lettres, dit que, pour avoir une action libre, *il faut être bien épris de la doctrine qu'on enseigne et de ce qu'on persuade (Pastoral de Limoges).* Il serait inutile de s'étendre davantage, et surtout de citer des autorités, pour démontrer une vérité si évidente par elle-même, et par l'expérience.

<small>Tout ce qui regarde l'action se réduit à la voix et au geste.</small> 12. Tout ce qui regarde l'action se réduit à la voix et au geste. Dans le geste nous comprenons l'air et tout le maintien. La voix frappe les oreilles, et le geste les yeux. C'est par ces sens que nous faisons passer nos idées et nos sentimens dans l'ame des auditeurs. Parlons d'abord de la voix ou de la prononciation.

<small>De la prononciation.—1° Elle doit être correcte.</small> 13. La *prononciation* doit être *correcte,* c'est-à-dire exempte de défauts soit contre les règles de la grammaire, soit contre celles de la bonne compagnie ou de l'urbanité. Un prédicateur qui, par exemple, ne lierait point, quand il le faut, les consonnes finales avec les voyelles des mots suivans, ou qui les ferait sonner quand

---

(1) On peut se rappeler ici l'exemple cité plus haut par Grenade (n° 5).

il ne le faut pas (1), montrerait son ignorance sur les règles de la prononciation et de la lecture, ou du moins ferait voir, si ces fautes lui étaient habituelles, qu'il n'a point l'usage de la bonne compagnie. Il manquerait aussi à la correction si, en prononçant, il avait quelque accent étranger, provincial, vulgaire ou rustique. On reconnaîtrait par-là son origine et dans quelle classe de la société il a été élevé; ce qui pourrait quelquefois nuire à son ministère. Pour bien parler, il ne faut pas avoir d'accent. Ceux qui en ont doivent donc faire tous leurs efforts pour les perdre, et pour s'accoutumer à parler comme on parle dans la bonne société.

14. La prononciation doit être *claire et distincte*. « Il faut bien articuler tous les mots, car souvent, dit Quintilien, on mange les uns, et l'on ne fait que glisser sur les autres; plusieurs même ne prononcent pas les dernières syllabes, pendant qu'ils se plaisent à appuyer sur les premières. Mais, comme il est nécessaire de faire sonner chaque mot, aussi rien n'est plus désagréable que d'épeler toutes les lettres,

2° La prononciation doit être claire et distincte.

---

(1) Ce serait encore pis s'il faisait sonner des voyelles qui ne sont pas à la fin des mots.

comme si on les comptait les unes après les autres, d'autant plus que, fort souvent, les voyelles souffrent élision, et qu'il y a des consonnes qui, suivies d'une voyelle, perdent leur propre son. De plus, il faut éviter le concours de certaines lettres qui ont une prononciation rude et difficile en changeant les mots qui les occasionnent. Il faut encore bien distinguer toutes les parties du discours, en sorte que celui qui parle donne à chacune tout ce qui lui appartient, commençant et finissant précisément où il faut. On doit observer aussi quand il faut soutenir, ou, pour mieux dire, suspendre le sens, et quand il faut le terminer. »

« Ceux-là, dit Grenade, après avoir cité Quintilien, tombent dans un défaut très-désagréable, qui prononcent presque tout un sermon à la hâte, sans s'arrêter à propos en aucun endroit, et sans rien dire distinctement; suivant au contraire impétueusement un long flux de paroles sans respirer, et parcourant ainsi tout leur discours jusqu'au bout, sans mesurer la suite de leurs mots que sur leurs forces, et sans s'arrêter que mal à propos et lorsqu'ils y sont contraints pour reprendre haleine : ce qui vient ou de ce que, se défiant de leur mémoire, ils craignent que ce qu'ils ont à dire ne leur échappe, en voulant s'énoncer autrement; ou de ce que la vue d'une nombreuse assemblée, qui garde le silence pour les écouter, fait qu'ils sont tellement saisis de crainte et de tremblement, qu'ils ne peuvent plus être maîtres d'eux-mêmes, ni se posséder comme ils voudraient, parce que le trouble où les jette cette crainte leur ôte la présence d'esprit, et ne leur permet presque pas de prendre garde, ni à ce qu'ils disent, ni comment ils le disent (1). Ce défaut est sans doute un des plus grands et des plus insupportables dans un prédicateur, et néanmoins plusieurs y tombent, et particulièrement ceux qui sont encore nouveaux dans cet emploi, ou qui, étant naturellement timides, ne parlent qu'avec précipitation à cause de la crainte qui les presse. »

« Il ne faut pas, dit Quintilien, que l'on mette de la confusion dans ce qu'on dit, par une certaine volubilité fougueuse, qui ne con-

---

(1) Ainsi ils sont comme hors d'eux-mêmes, et c'est encore fort heureux si, dans leur trouble, ils ne battent pas la campagne et même ne s'arrêtent pas tout-à-fait.

naît ni pause ni distinction de sens, qui ne laisse point à l'auditeur le temps d'être touché, et qui, quelquefois, dévore plutôt les mots qu'elle ne les prononce. Ne donnons point non plus dans une autre extrémité, je veux dire dans une trop grande lenteur, qui découvre la peine que nous avons à trouver ce que nous voulons dire, et fait bâiller ceux qui nous entendent; » d'autant plus que la pensée de la peine d'autrui nous fait de la peine à nous-mêmes, comme dit Cicéron, parce que nous ne prenons pas plaisir à voir ce qui est pénible à la nature. Soyons donc vifs et prompts dans nos paroles, mais sans précipitation; soyons modérés, mais sans lenteur. »

« Quant à la respiration, dit encore Quintilien, il ne faut pas qu'elle soit si fréquemment réitérée que le sens du discours en soit coupé, ni si rare aussi que l'orateur paraisse essoufflé et poussé à bout; car un tel épuisement se fait apercevoir d'une manière désagréable; et quand ensuite l'orateur reprend son haleine, il est comme ces plongeurs qui ont resté long-temps sous l'eau, il la reprend difficilement et à contre-temps, parce qu'il le fait, non par un mouvement de sa volonté, mais par nécessité. C'est pourquoi, lorsqu'il aura une longue période à prononcer, il s'y disposera en prenant haleine auparavant, pourvu néanmoins que cela se fasse sans beaucoup s'arrêter, sans faire éclater aucun bruit, et sans aucune démonstration. Aux autres endroits il pourra respirer librement entre les liaisons du discours (1). »

15. La prononciation doit être *naturelle*. Elle n'est point naturelle quand on la retient ou qu'on la force. Il faut lui donner l'étendue qu'elle a naturellement en partant toujours du ton médiocre pour l'élever ou l'abaisser sans cesser de se faire entendre et sans crier (2). Il faut toujours garder les proportions indiquées par le lieu et l'auditoire. Quand on parle du haut de la chaire à une grande assemblée, il

<small>3° La prononciation doit être naturelle.</small>

---

(1) C'est ordinairement la crainte qui cause la gêne de la respiration. Le cœur bat, on tremble, et, malgré soi, la respiration devient courte. On est comme oppressé. Ceci arrive surtout aux commençans et à ceux qui ont une mauvaise mémoire, ainsi qu'à ceux qui ne possèdent pas assez leur sujet, ou à qui l'auditoire, ou du moins quelques personnes qui s'y trouvent, en imposent. Le remède à cela est dans la raison, dans la vertu, et surtout dans l'expérience et la connaissance du monde.

(2) « Pour expliquer ceci en termes de musique,

faut que la voix soit plus élevée que lorsqu'on s'entretient avec quelques personnes dans un appartement. Dans ces deux cas la voix ne doit pas cesser d'être naturelle. Il faut, en prononçant un discours, commencer par un ton modéré proportionné à sa voix et au lieu où l'on prêche, ou plutôt à l'assemblée qui s'y trouve. Si l'on prenait le ton trop haut, on ne pourrait plus s'élever sans crier, et si on le prenait trop bas, on ne pourrait plus le baisser sans s'exposer à ne plus être entendu. C'est ce qu'il faut avoir soin de prévoir en débutant. L'usage apprendra à saisir le vrai point de départ.

<small>4° La prononciation doit être variée.</small>

16. La prononciation doit être *variée*. C'est sur cet article surtout qu'un grand nombre de prédicateurs sont en défaut. On dirait qu'ils ne sentent point l'importance des tons dans le

---

il faut savoir qu'il ne peut ordinairement y avoir qu'une *quinte* d'intervalle entre le plus haut et le plus bas ton, dont on puisse se servir dans la chaire. De sorte que le plus haut ton du prédicateur est pour l'ordinaire comme le *La*, le plus bas comme le *Ré*, et le ton du milieu est en quelque façon semblable au *Fa*. Il n'y a presque personne qui se puisse faire entendre en chaire au-dessous du *Ré*, et la voix se fausse assez souvent au-dessus du *La*. » (*Pastoral de Limoges*.)

discours, ou plutôt ils se mettent dans l'impossibilité d'y faire attention, parce qu'apprenant mot pour mot leurs sermons, ils sont trop préoccupés et trop distraits par leur mémoire. C'est une raison de plus pour changer leur méthode qui les rend froids et monotones, ou qui les jette dans un autre défaut dont nous avons parlé, c'est-à-dire dans la précipitation. La monotonie ennuie et endort les auditeurs ; la précipitation les fatigue.

17. Il y a beaucoup d'orateurs qui n'ont pour toutes leurs phrases que les mêmes inflexions. Ils les jettent toutes, pour ainsi dire, dans le même moule. Il y en a d'autres qui prononcent leurs discours *recto tono,* comme s'ils faisaient une lecture, ou qui les récitent comme des écoliers qui répètent une leçon. Il s'en trouve qui parlent comme par élans, ou qui ont toujours un ton interrogatif, dur, hautain, suffisant et quelquefois presque insolent. D'autres appuient avec affectation sur certains mots qu'ils veulent faire remarquer, ou s'arrêtent après certains morceaux comme s'ils attendaient des applaudissemens. Il y en a enfin qui ont dans leur prononciation un ton criard, pleureur ou larmoyant, ou une espèce de cadence,

De différens défauts sur cet article.

comme s'ils voulaient chanter, et d'autres dont la voix est tremblante, sautillante, saccadée, brusque et discordante avec les choses qu'ils disent. Ils passent subitement, et au moment qu'on s'y attend le moins, du ton modéré aux cris et aux éclats, et des éclats à un ton si bas qu'on ne les entend plus. Ils crient souvent où les choses ne le demandent pas, et disent quelquefois d'un ton paisible ce qui demande de la véhémence. Ces défauts et beaucoup d'autres, qu'il serait trop long d'énumérer, ôtent au discours toute sa grace et l'empêchent de produire son effet.

Le ton fait beaucoup dans le discours.

18. Le ton fait beaucoup dans le discours. Il signifie souvent autant que les choses mêmes qu'on dit, ou plutôt il y ajoute une double force. Grenade va plus loin. « Les hommes, dit-il, ne sont pas d'ordinaire aussi attentifs à ce qu'on leur dit, ni aux termes dans lesquels on le dit, qu'à l'air et à l'action avec lesquels on leur parle. Cela est si vrai que, si vous leur disiez la chose du monde la plus terrible d'une voix molle et traînante, ils la concevraient de même sans en être touchés; et si, au contraire, vous exprimez quelque légère injure d'un ton de voix vif et d'un air animé, vous exciterez un

semblable mouvement dans l'esprit des auditeurs : tant il est vrai que la prononciation est comme la dernière forme du discours qui produit dans les esprits des auditeurs des mouvemens et des affections semblables à ce que représentent la voix, le visage, le geste ; en un mot, l'action de celui qui parle.

« La prononciation n'a pas seulement une force très-efficace pour les mouvemens de l'ame, mais aussi pour insinuer dans les esprits ce qu'on veut persuader. C'est ce que Cicéron fit voir plaisamment dans la défense de Gallus, accusé d'empoisonnement par Callidius ; car cet accusateur assurant qu'il prouverait par la déposition des témoins, par des billets et des signatures privées, et par des interrogatoires, que l'accusé avait voulu l'empoisonner, comme il avançait ce fait si atroce d'un air froid, d'une voix lente et avec un geste négligé : « Si ce que
« vous avancez était vrai, lui dit alors Cicéron,
« le diriez-vous de la sorte? Vous verrait-on,
« au lieu de remuer et d'échauffer les esprits,
« parler d'un ton qui endort votre auditoire? »
Cette observation s'applique avec encore bien plus de force au prédicateur qui parle froidement des plus terribles vérités de la religion.

On pourrait lui demander s'il les croit. Ses auditeurs sont tentés d'en douter en l'entendant parler avec un calme qui contraste si fort avec les objets qu'il traite et avec les pensées qu'il exprime.

<small>Il faut varier les tons selon les choses.</small>

19. Ce sont les matières et le style du discours qui déterminent le ton. Toutes les parties qui le composent ne doivent pas être prononcées de la même manière. Ce qui est pure exposition, raisonnement ou simple récit, demande une prononciation douce et tranquille. L'exorde, par exemple, se prononce d'un ton modéré. « Il y a des prédicateurs, dit Grenade, qui dans l'exorde crient et prennent une action véhémente. Ce qui leur arrive principalement lorsqu'ils voient une foule de peuple qui se presse pour les entendre; car, étant alors animés d'une ardeur plus grande et plus impétueuse, et voulant se faire entendre de tous, ils élèvent et poussent leur voix avec plus d'efforts qu'il ne faut; ce qui fait que non-seulement la voix, mais les forces mêmes leur manquent au milieu de leur discours, de sorte qu'étant bientôt épuisés, ils tombent, contraints de finir d'une manière d'autant plus lente et plus languissante, qu'ils ont commencé avec plus de véhé-

mence et de vivacité. Il faut donc que les prédicateurs prudens aient soin en ce temps-là d'arrêter l'ardeur et l'impétuosité de leur esprit, et d'en bien réserver et ménager les mouvemens pour les parties les plus importantes et les plus nécessaires (1). »

Quand, dans les parties qui demandent de la modération, il se trouve des choses qui doivent être prononcées avec plus de vivacité, l'orateur saura les distinguer. « Il y a quelquefois, dit encore Grenade, des narrations susceptibles de mouvemens. Il faut savoir fléchir sa voix et en diversifier les tons, pour représenter chaque chose

---

(1) Il y a des orateurs qui tombent dans l'excès opposé. Ils prononcent si bas leur texte et leur exorde, qu'on a de la peine à les entendre. Il semble qu'ils veulent faire deviner leurs paroles. On en voit aussi qui, avant de commencer ou après avoir dit quelques mots, s'arrêtent comme s'ils étaient préoccupés ou frappés de stupeur. On les voit lever les yeux au ciel, puis les baisser vers la terre, soupirer, articuler avec une lenteur affectée quelques paroles qui semblent arrachées à l'oppression. Ce sont là de pures grimaces qui impatientent et scandalisent les auditeurs. Il faut laisser ces sortes de feintes aux acteurs du théâtre. Elles sont indignes d'un homme grave et sérieux, comme doit l'être un prédicateur de l'Évangile.

en la manière qu'elle est arrivée. Si dans la narration il se rencontre des demandes, des réponses, ou des paroles d'étonnement ou d'admiration sur les choses que nous disons, nous aurons soin d'exprimer de la voix les sentimens, les dispositions et les caractères des esprits de toutes les personnes, selon la diversité des paroles et des expressions. »

Des endroits qui demandent de la véhémence.

20. Les endroits du discours qui demandent une prononciation plus véhémente et plus diversifiée sont ceux qui expriment les différens sentimens et les différentes passions de l'ame. « Pour les bien-exprimer, il faut, dit le même auteur, les ressentir nous-mêmes. C'est alors que les mouvemens inspirés par le cœur animent véritablement l'action et la voix, et font comme d'eux-mêmes, par leur force propre et naturelle, de vives impressions dans l'esprit des auditeurs. Aussi l'art ne fait qu'imiter la nature; et, quelque excellent et consommé qu'il soit, il ne peut pas atteindre à la dernière perfection. C'est pourquoi les plus grands orateurs ne feront jamais ce qu'ont pu faire par leurs discours des hommes vraiment saints, poussés et animés de l'esprit de Dieu, et excités par de véritables mouvemens de zèle et de charité.

Quiconque sera ému et animé de cette sorte connaîtra, par ses sentimens et ses affections mêmes, par combien de différens tons de voix on doit remuer les cœurs et les passions des hommes. « Car la nature, dit Cicéron, a donné à chaque passion sa physionomie particulière, son accent, son geste. Notre corps tout entier, notre regard, notre voix résonnent comme les cordes d'une lyre, au gré de la passion qui nous ébranle; et, comme tous les tons de l'instrument varient sous la main qui le touche, ainsi l'organe de la voix produit des sons aigus et graves, vifs et lents, hauts et bas, et toutes les nuances intermédiaires. De là naissent les différens tons, doux ou rudes, rapides ou prolongés, entrecoupés ou continus, mous ou heurtés, affaiblis ou pleins : toutes ces inflexions de la voix ont besoin d'être employées avec art et ménagement. Elles sont pour l'orateur comme les couleurs qui servent au peintre à varier son tableau. La colère a son accent, qui est prompt, vif et coupé; la douleur et la pitié ont un autre ton; il est plein, touchant, entrecoupé, mêlé de gémissemens. La crainte s'exprime d'un ton bas, tremblant, soumis. Le ton de la violence est énergique, impétueux, précipité, menaçant. L'accent de la satisfaction est doux, tendre et plein d'abandon; il respire la joie et le calme. La douleur, qui ne cherche point à inspirer la pitié, s'énonce d'un ton grave et uniforme. »

Ridicule de la discordance des tons et des choses.

21. Rien ne serait plus ridicule que de mettre de la discordance entre les choses qu'on dit et le ton avec lequel on les dit; par exemple, de dire agréablement des choses tristes, ou d'exposer des choses agréables avec un ton lamentable. Le prédicateur qui dit froidement ce qui demande de l'action ne choque pas moins. « Ce qu'on dit de touchant sans être touché, dit le P. Rapin, n'est d'ordinaire pris que pour une grimace dont on se moque. J'ai entendu autrefois un docteur de Sorbonne, qui prêchait les vérités de l'Évangile avec des paroles fort choisies. Tout ce qu'il disait était bon; mais il le disait froidement, sans action et sans cette chaleur qui est nécessaire pour toucher : ce qui donnait lieu aux plaisans de dire qu'il ne pouvait être si tranquille sans être en quelque façon résigné à la réprobation de ses auditeurs, puisqu'il paraissait prendre si peu d'intérêt à ce qu'il disait. Et en vérité cette manière froide de dire, et d'être languissant sur les grands

sujets de l'Évangile, est un grand obstacle à la parole de Dieu; laquelle, à moins que d'être prêchée avec quelque sorte de zèle et d'ardeur, ne fait pas le fruit qu'elle doit faire.

22. « Combien peu de prédicateurs y a-t-il aujourd'hui, dit encore le P. Rapin, qui puissent se vanter d'avoir ému le moindre de leurs auditeurs sur l'horreur du péché et sur la grandeur des peines qui lui sont destinées ? Nous apprenions qu'un Jérôme Savonarolle dans Florence, un Louis de Grenade dans Séville, un De Lingendes dans Paris, faisaient autrefois trembler leurs auditoires dès qu'ils ouvraient la bouche sur des matières d'elles-mêmes si terribles. Le prophète Jonas épouvante Ninive et la convertit, dès la première prédication qu'il fait sur la pénitence; il fait prendre le cilice au voluptueux Sardanapale et à toute sa cour; et nos prédicateurs, pendant tout un carême, ne convertissent quelquefois pas un seul pécheur. Ceci ne vient que de ce qu'on prêche languissamment. On parle d'un capucin nommé Philippe de Narny, qui, sous le pontificat de Grégoire XV, prêchait à Rome avec tant de force, tant d'action et tant de zèle, que le peuple en sortant de son sermon criait

Merveilleux effets de la pronunciation véhémente.

miséricorde dans les rues. On dit même qu'ayant un jour prêché devant le pape sur la *résidence*, il épouvanta si fort, par la véhémence de son discours, trente évêques qui l'entendirent, qu'ils s'enfuirent dès le lendemain dans leurs diocèses.

« Ces grands effets ne viennent quelquefois que d'un talent extraordinaire pour la prononciation, à laquelle l'éloquence doit souvent les miracles qu'elle fait surtout à l'égard du peuple. Car l'esprit du peuple est en général moins touché par l'éloquence en elle-même que par ce qu'elle a de sensible, c'est-à-dire par une déclamation ardente et pathétique (1). On étudie

---

(1) Il est certain que le ton pathétique a un empire prodigieux sur la multitude. C'est donc avec raison que les missionnaires l'ont mis en usage. « Quoiqu'il faille du génie pour toucher, dit ailleurs le P. Rapin, il y a néanmoins des prédicateurs qui, à force de faire du bruit, par une manière animée qu'ils ont de dire les choses, font les mêmes effets sur le cœur du peuple, que font les trompettes sur les soldats dans un combat. Le bruit les étourdit et les fait aller au feu, sans faire réflexion où ils vont. Ce n'est pas la raison qui frappe les esprits grossiers et qui les fait agir; ils ne l'entendent pas : c'est l'émotion et l'ardeur avec laquelle on parle; le bruit qu'on fait est ce qui a coutume de faire impression;

CHAPITRE XII. — N° 23.

toutefois peu cette déclamation, parce qu'elle demande un soin et une application dont fort peu de gens sont capables, et la plupart des prédicateurs n'y pensent même pas. On s'occupe de tout autre chose; on étudie les Pères, on étudie la rhétorique, on étudie la langue, et l'on n'étudie point cet art de l'action qui seul a le pouvoir d'animer ce qu'on dit, et de lui donner l'agrément nécessaire pour attirer l'attention de l'auditeur. La négligence de cette partie est capable elle seule de rendre toutes les autres inutiles.

23. « Ce n'est pas après tout, continue le même auteur, qu'il n'y ait en cela, comme dans

<small>Excès à éviter.</small>

---

et ce ne sont pas tant les choses qui touchent que la manière de les dire, parce que cette manière est sensible et que les choses ne le sont pas. Ainsi le peuple ne juge souvent des raisons qu'on lui dit que par le ton de la voix avec lequel on les dit. On croit celui qui parle le plus haut et le plus ferme; et c'est souvent à la hardiesse qu'on se laisse persuader. Car l'ame ne se laisse ordinairement toucher qu'à ce qui frappe davantage les sens. »

Nous citons ce passage, non pour porter à cette *éloquence* qu'on peut appeler *animale*, mais pour faire sentir aux orateurs la nécessité d'animer ce qu'ils disent en se conformant toutefois aux règles que nous exposons.

les autres choses, des extrémités à craindre. Car ces prédicateurs qui font les passionnés sur tout, et qui s'avisent quelquefois de foudroyer dès l'exorde, pour n'y pas manquer, se gâtent en donnant trop à leur humeur. Il est bon de leur faire comprendre qu'on n'est plus capable de toucher quand il faut, lorsqu'on s'est mis dans la tête de vouloir toujours toucher. On a vu, il y a quelque temps, prêcher à Paris un prédicateur qui était de cette humeur, quoiqu'il prêchât avec bien du succès. En effet, il avait un talent rare et des traits dans son discours qui frappaient les esprits : sa diction était forte et tout son air véhément; mais il perdait ces avantages par une trop grande passion qu'il avait de toucher, et de faire souvent du bruit à contre-temps. Ainsi sa déclamation était devenue trop emportée, ses gestes trop expressifs, son visage trop comédien. Enfin sa manière s'était si fort gâtée par les grimaces et les agitations violentes et forcées de tout son corps, qu'on défendait aux femmes enceintes d'aller à ses sermons, parce que ses mouvemens étaient devenus de véritables convulsions. Il faut éviter ces excès. Le prédicateur doit bien se mettre dans l'esprit qu'il ne touche plus dès qu'il laisse trop voir qu'il veut toucher. C'est toujours un faux pathétique que celui qui dure trop long-temps, et le zèle devient suspect dès qu'il a trop de chaleur et qu'il veut trop paraître. »

« On ne saurait en chaire, dit Maury, s'interdire avec assez de rigueur toute continuité de cris pénibles et prolongés. On devient bruyant parce qu'on n'ose pas se fier à un débit calme, sans crainte de devenir ennuyeux et plat. Tout ce vain bruit ne fait jamais paraître un discours meilleur. Loin de vous livrer aveuglément à ces fatigantes vociférations, distinguez le ton grave, le ton moyen et le ton aigu de votre organe; si vous ne savez pas les choisir et les employer alternativement à volonté, l'art de la déclamation n'existe pas pour vous. C'est le milieu de votre voix que vous devez prendre habituellement, afin qu'elle puisse monter sans devenir criarde, et baisser sans être sourde. Les cris multipliés ne servent qu'à se détruire l'un l'autre, et à distraire l'auditeur ou à l'excéder. Voulez-vous être bien écouté d'une nombreuse assemblée? diminuez le volume de votre voix au lieu de l'enfler. C'est ainsi que l'on fixe l'attention. Il ne faut pas sans doute qu'il en coûte une contention habituelle d'oreille pour démêler vos paroles ; mais il importe qu'on sente le besoin d'une certaine application d'esprit, commandée par l'intérêt progressif des idées, pour suivre sans relâche le fil de votre discours, et que sans gêne, comme sans effort, on craigne la moindre distraction qui en ferait perdre l'enchaînement et l'ensemble.

« Un cri perçant, dans la bouche d'un orateur, peut cependant ajouter quelquefois une grande énergie à un trait ou à un mot remarquable, dans un morceau de sentiment et dans une tirade véhémente. Ce n'est donc point cet accent pathétique d'une ame profondément émue que je prétends interdire aux ministres de la parole : c'est uniquement l'abus, c'est-à-dire la fréquence, la réunion et surtout la répétition de ces détonations brusques et discordantes, qu'on doit éviter en chaire, parce que tous ces éclats de voix diminuent l'effet d'un tableau éloquent, au lieu d'en augmenter la puissance.

« Je veux, dit Quintilien, que la parole soit coulante sans être précipitée, et qu'elle soit toujours réglée sans être jamais lente. *Promp-*

tum sit os, non præceps; moderatum, non lentum. Cet habile maître voulait prémunir également ses disciples contre les pertes inévitables qu'occasionne un débit trop rapide, et contre le dégoût d'une prononciation sans cesse interrompue par le besoin de reprendre haleine : il connaissait aussi l'artifice si commun des inflexions astucieuses et des repos brusques (qui conviennent plutôt au théâtre qu'à la chaire). On éloigne ainsi de soi l'attention de l'auditeur en voulant ravir son admiration, quand on s'expose à la double honte de prétendre la forcer et de ne pouvoir pas l'obtenir. Or, ce mécompte se renouvelle souvent, quand on fait succéder un repos absolu aux transports les plus véhémens. C'est l'expédient ordinaire de ces orateurs qu'on voit, selon l'observation de Quintilien, s'arrêter tout-à-coup, et mendier des applaudissemens par leur silence. *Sistere subito, et laudem silentio poscere.* (De Inst. orat., lib. 2, cap. 3.) « Tous ces déclamateurs, ajoute plus loin Quintilien, cherchent, par leur manière de débiter, à se faire une réputation d'orateur énergique. Ils crient à tout propos, ils mugissent continuellement, en parlant toujours, comme ils disent eux-mêmes, *avec une main en l'air ;* ils tournent de tous côtés, haletant, ou s'agitant, gesticulant, secouant la tête comme des furieux. On les voit bientôt battre sans cesse des mains, frapper du pied, se meutrir la cuisse, la poitrine, le front : voilà ce qui produit un effet merveilleux sur le menu peuple ; mais ce qu'ils appellent de la véhémence n'est autre chose que de l'emportement. (Ib., cap. 12.) »

<small>Danger de ces excès pour la santé.</small>

24. Avec cette véhémence et ces agitations excessives, un prédicateur qui prêcherait souvent n'irait pas loin. La prédication, qui est déjà si fatigante par elle-même, a bientôt ruiné le tempérament le plus robuste quand on ne sait pas se modérer. On a vu des prédicateurs mourir en chaire ou pendant leurs stations, par suite d'excès dans l'exercice de leur ministère. On cite entre autres le P. André Terrasson dont les sermons ont été donnés au public. D'autres, par suite des mêmes excès, sont morts dans la fleur de l'âge. On en pourrait citer plusieurs exemples assez récens. Nous faisons cette observation dans l'intérêt des jeunes prédicateurs qui, en écoutant trop leur zèle, seraient victimes de leur inexpérience s'ils n'étaient pas avertis et prévenus sur les suites fâcheuses que

ce zèle excessif peut avoir. J'ai connu de saints prêtres qui, en ne se ménageant pas assez, se sont rendus incapables d'être utiles au prochain pour le reste de leurs jours. Ils avouaient qu'ils avaient passé les bornes de la modération en prêchant, ou trop souvent, ou trop long-temps, ou avec trop de véhémence. Il faut profiter de leur expérience pour servir plus long-temps l'Église. Il vaut beaucoup mieux aller modérément et toujours que de se ruiner le tempérament en écoutant trop son ardeur. Après la vertu et la science, la santé est la chose la plus nécessaire à l'orateur sacré.

25. On rapporte de saint Vincent de Paul qu'il veillait avec beaucoup de soin sur ses missionnaires pour les empêcher de tomber dans les excès dont nous parlons. Il leur recommandait de ne pas se laisser emporter à une ferveur excessive dans leurs prédications, et de ne pas trop élever le ton de la voix; mais de parler au peuple simplement et avec une voix médiocre, tant pour mieux profiter à leur auditoire, qui écoute plus volontiers et reçoit mieux ce qui lui est dit de la sorte, que pour ménager leur force et leur santé; car, ayant à prêcher souvent, et presque tous les jours, pendant une bonne

Vigilance de S. Vincent de Paul pour empêcher ses missionnaires de tomber dans ces excès.

partie de l'année, et même en quelques occasions deux fois le jour, ils se mettraient eux-mêmes dans l'impuissance de continuer, si, à force de crier, ils venaient à gâter leur voix et leur poitrine. Voici ce qu'il écrivit un jour à l'un de ses prêtres :

« On m'a averti, lui dit-il, que vous faites
« de trop grands efforts en parlant au peuple,
« et que cela vous affaiblit beaucoup. Au nom
« de Dieu, Monsieur, ménagez votre santé et
« modérez votre parole et vos sentimens. Je
« vous ai dit autrefois que Notre Seigneur bé-
« nit les discours qu'on fait en parlant d'un
« ton commun et familier, parce qu'il a lui-
« même enseigné et prêché de la sorte, et que
« cette manière de parler étant naturelle, elle
« est aussi plus aisée que l'autre qui est forcée,
« et le peuple la goûte mieux, et en profite
« davantage. »

Saint François de Sales et saint Vincent de Paul lui-même ne prêchaient point avec véhémence, et cependant ils faisaient beaucoup de fruit. C'est qu'ils suppléaient au pathétique par l'onction qui accompagne toujours la sainteté. Il faut l'un ou l'autre pour toucher.

26. Les tons comme les styles doivent être

gradués et avoir des transitions. Il ne faut pas passer trop brusquement de l'un à l'autre, mais les élever par degrés et les baisser de même. Il y a des prédicateurs qui passent si subitement du ton modéré au ton véhément, qu'ils font peur à leurs auditeurs qui ne s'y attendent pas ; ils cessent aussi quelquefois si promptement un mouvement commencé, qu'ils font croire qu'ils se trouvent mal. Tout ce qui est brusqué est contre nature, il faut donc l'éviter.

vent être gradués.

27. Ce n'est pas assez pour être orateur de parler aux oreilles par la prononciation, il faut aussi parler aux yeux par le maintien et par le geste (1). Les mouvemens du corps doivent représenter, autant qu'il convient à la chaire, les sentimens de l'ame. Il faut que l'orateur exprime, par une action vive et naturelle, ce que ses paroles n'exprimeraient que d'une manière imparfaite, ou, si l'on veut, n'exprime-

Du maintien et du geste. — Leur nécessité.

---

(1) L'orateur parfait est celui qui parle à l'homme tout entier. Comme l'homme est composé d'une ame et d'un corps, il faut donc s'adresser non-seulement à son esprit, à son imagination et à son cœur, mais aussi à ses sens, et surtout à ses oreilles et à ses yeux.

raient qu'à demi. Ainsi l'action du corps doit être une sorte de peinture qui représente à sa manière ce que la voix exprime. La prononciation n'aurait que la moitié de sa force, si l'extérieur de l'orateur n'y répondait pas. Le geste doit suivre la voix et obéir à l'ame conjointement avec elle.

« Pour voir de quelle importance est le geste, dit Quintilien, il ne faut que considérer combien de choses il exprime, même indépendamment de la parole; car non-seulement les mains, mais les moindres signes de tête suffisent pour déclarer notre volonté, et tiennent même dans les muets lieu de langage. Souvent un simple salut se fait entendre, et nous touche sans qu'il soit accompagné d'un seul mot; à la manière dont on voit entrer une personne, à l'air de son visage, on connait ce qu'elle a dans l'ame; et les animaux, tout animaux qu'ils sont, nous flattent, nous caressent ou nous menacent, en un mot, nous marquent de la joie, de la tristesse ou de la colère par le langage des yeux et par d'autres mouvemens du corps. Et, en vérité, il n'est pas étonnant que ces signes, qui, après tout, sont animés, fassent tant d'impression sur nous, puisque la peinture, ouvrage muet, et qui ne varie point, excite de tels sentimens en nous, qu'elle semble avoir quelquefois plus de force et d'expression que la parole même. »

La force de ces signes extérieurs est telle, que si le geste et le visage, ajoute Quintilien, démentent le discours ; si, par exemple, nous parlons d'une chose triste avec gaîté; si nous disons *oui* de l'air dont on dit *non*, nous faisons perdre à nos paroles non-seulement toute autorité, mais même toute croyance.

28. « Comme *la tête*, continue le même auteur, tient le premier rang entre les parties du corps, aussi le tient-elle dans l'action, contribuant plus qu'aucune autre aux agrémens de la prononciation. Ce qu'il faut donc observer, pour ce qui la concerne, c'est en premier lieu de la tenir toujours droite et dans une situation naturelle (sans l'élever ni la baisser quand il n'y a rien qui y oblige) : c'est, en second lieu, de conformer ses mouvemens à la prononciation même, afin qu'elle s'accorde avec le geste, avec la main, avec toute l'action de l'orateur ; car elle doit toujours se trouver du côté du geste, excepté dans les choses qui expriment l'horreur. Alors, en même temps que

De la tête.

nous repoussons de la main, nous détournons la tête, pour marque d'aversion.

« Un signe de tête peut faire entendre bien des choses; car, outre que c'est par son moyen qu'on peut faire acquiescer ou refuser, affirmer ou nier, c'est aussi par-là qu'on peut exprimer l'incertitude, l'admiration, l'indignation, et cette manière est commune à tous les hommes. Cependant le geste de la tête a toujours été regardé comme un défaut (dans l'orateur, quand il y a de l'affectation et de l'habitude). Tout branlement de tête est vicieux quand il est trop fréquent. La jeter en l'air n'est pas d'un homme sage, mais d'un fanatique et d'un furieux.

Du visage.

29. « Mais ce qui domine principalement dans cette partie, c'est *le visage*. Il n'y a sorte de mouvement et de passion qu'il n'exprime; il menace, il supplie, il est triste, il est gai; il fait entendre une infinité de choses, et souvent il en dit plus que ne pourrait en dire le discours le plus éloquent.

Des yeux.

30. « Mais le visage a lui-même une partie dominante, qui sont *les yeux*. C'est par eux surtout que notre ame se manifeste, au point que, sans même qu'on les remue, la joie les

rend plus vifs, et la tristesse les couvre comme d'un nuage. De plus, la nature elle-même leur a donné les larmes, ces fidèles interprètes de nos sentimens, qui s'ouvrent impétueusement un passage dans la douleur, et coulent doucement dans la joie. Que si les yeux ont tant de pouvoir lors même qu'ils sont immobiles, on peut juger qu'ils en ont bien davantage quand ils sont en mouvement; c'est alors que vous les voyez tantôt animés, tantôt froids, tantôt doux, tantôt rudes. L'orateur prendra toutes ces formes suivant le besoin et l'occasion (et cela naturellement, sans même y penser). »

« Il est de mauvaise grace, dit Abelly, de laisser aller ses regards vagabonds en prêchant, comme si l'on ne pensait point, ou si l'on se souciait peu de ce qu'on dit. Il ne faut pas aussi avoir les yeux fixes et immobiles, soit en les attachant à quelque pilier (ce qui arrive lorsque la mémoire travaille trop), soit en les ouvrant d'une manière inanimée, en regardant sans rien voir, ce qui se fait par excès de timidité (et donne à l'orateur un air stupide). La chose qui frappe davantage les auditeurs qui sont déjà ébranlés, c'est lorsqu'un prédicateur a le regard assuré, pénétrant, pieux, suivant les paroles, et entrant dans la pensée des assistans ; ce n'est pas un des moindres dons pour toucher les ames. »

Les mains.

34. « Pour les mains, dit Quintilien, il est clair que sans leur secours l'action serait comme invalide et tronquée. Mais il n'est pas aisé de dire toutes les sortes de mouvemens dont les mains sont susceptibles, parce qu'à peine y a-t-il un mot qu'elles ne soient jalouses d'exprimer. En effet, les autres parties du corps contribuent de quelque chose à l'action de parler : celles-ci font plus, elles parlent, ou peu s'en faut. Eh ! que ne disent-elles point? Demander, promettre, appeler, congédier, menacer, supplier, détester, interroger, avouer, nier, marquer de la crainte, de la tristesse, de la joie, de la pudeur, de l'incertitude, du repentir, prier, approuver, imiter, admirer, déclarer le temps, le nombre, la quantité, la manière, tout cela leur est familier. Faut-il indiquer les personnes et les lieux, je ne sais s'il y a adverbe ou pronom qui le fasse mieux. En sorte qu'au milieu de cette prodigieuse diversité de langues répandues entre tant de peuples et de nations, le langage des mains est comme une langue universelle,

que la nature a voulu qui fût commune à tous les hommes. »

C'est ce que Cicéron semble insinuer, lorsqu'ayant montré que le visage est ce qui a le plus de part dans l'action après le voix, et que les mains doivent servir comme d'instrument à la pensée, il ajoute ces paroles remarquables : « La nature a donné à tout ce qui
« tient à l'action une force qui frappe les
« ignorans, le vulgaire, et même les étrangers.
« Pour que les mots fassent impression, il faut
« que l'auditeur connaisse la langue de celui
« qui parle ; et souvent toute la finesse des
« pensées vient échouer contre des esprits
« qui manquent de tact. Mais l'action, qui
« peint les mouvemens de l'ame, parle un lan-
« gage intelligible à tous les hommes : car
« nous éprouvons tous les mêmes passions ; et
« nous les reconnaissons dans les autres aux
« signes qui nous servent à les exprimer. »

32. Voici les défauts principaux que l'orateur doit éviter dans le geste et le maintien : *Divers défauts à éviter dans le geste et le maintien.*

1° Les mains ne doivent jamais se porter plus haut que les épaules ou que les yeux, ni descendre plus bas que la ceinture, quand on parle debout.

2° Il ne faut jamais étendre les bras avec trop de contention, comme si l'on voulait porter un coup d'épée. Il faut rarement faire agir les deux mains ensemble, comme si l'on nageait, et encore plus rarement déclamer de la gauche seule. Mais, lorsqu'une main est en action, il faut que l'autre soit appuyée sur la chaire et non sur la poitrine. On peut tenir son bonnet carré de la main gauche pendant l'exorde et la péroraison. On doit éviter d'avoir une main pendante ou dans une situation inconvenante. C'est ordinairement la main droite qui fait le geste. Rien ne serait plus ridicule que de gesticuler successivement de chaque main. Les deux mains peuvent agir ensemble quand les choses le demandent. La nature l'indique assez sans qu'il soit besoin d'entrer dans le détail.

3° On ne doit point frapper des mains, soit l'une contre l'autre, soit sur la chaire, soit sur sa cuisse. Il ne faut pas non plus compter ses doigts, ni les tenir trop crochus ou trop écartés.

4° Il est inconvenant de fermer les poings et de les présenter à son auditoire; il ne l'est pas moins de montrer quelque personne ou quelque chose du doigt.

5° Il ne faut pas étendre ses bras en croix, ni les croiser sur la poitrine.

6° Il n'est pas nécessaire de remuer sans cesse les bras en parlant. Cela n'est pas naturel. Il faut remuer les bras parce qu'on est animé; mais il ne faudrait pas les remuer pour paraître animé. Il y a des choses qu'il faut dire tranquillement et sans se remuer.

7° Ceux qui élèvent et baissent continuellement la main droite, afin de se donner du mouvement, sans s'embarrasser si les choses le demandent ou non, ne sont pas moins hors de la nature. Ils ont l'air de ces figures qu'un ressort secret fait toujours mouvoir de la même manière.

8° Il est de la plus grande inconvenance qu'un orateur, et surtout un orateur sacré, frappe du pied. Il ne doit jamais se permettre cette indécence.

9° On ne doit pas jeter son corps tantôt à droite, tantôt à gauche de la chaire, ni se pencher en avant et étendre les bras comme si l'on voulait plonger ou ramasser quelque chose. Il ne faut pas non plus lancer son corps et ses bras comme quelqu'un qui voudrait retenir quelque chose qui s'élève dans les airs.

10° Jamais on ne doit se permettre de hausser les épaules ou de faire d'autres signes de mépris qui seraient incompatibles avec notre caractère et l'esprit qui doit nous animer.

11° Il ne faut pas continuellement se lever et s'asseoir sans sujet, ou se lever aussitôt qu'on est assis, *et vice versa*.

12° Il faut se tenir le plus souvent debout et droit. Cette posture est de rigueur pendant l'exorde et la péroraison, et en général, dans tous les mouvemens.

13° Il faut se placer dans la chaire de manière à avoir devant soi le gros de l'auditoire. Souvent, par la difficulté des lieux ou par le placement incommode de la chaire, le gros de l'auditoire ne se trouve pas vis-à-vis le milieu de la tribune. Il faut alors se tourner du côté où est la masse la plus considérable. Il y a des chaires tellement mal placées que l'auditoire se trouve à droite et à gauche, tandis qu'il n'y a presque personne au milieu. Ceci se rencontre surtout dans les églises de campagne qui sont longues et étroites. Il y a des curés qui trouvent plus commode de parler depuis la balustrade; mais, comme la voix vient de trop bas, elle ne peut s'étendre, dans la plupart de ces églises, jusqu'à l'autre extrémité. Ceux qui se trouvent auprès de la porte principale perdent beaucoup. Le mieux dans ce cas est de placer la chaire près du chœur, de manière à avoir presque tous les auditeurs devant soi. Quand même elle serait dans le même éloignement que la balustrade, il est certain que la voix partant de plus haut porte plus loin.

Nous entrons dans ces détails, parce que le placement de la chaire dans une église est une chose qui, à nos yeux, est très-importante. Il faut donc que les pasteurs y fassent une grande attention. Si, pour différentes raisons on ne dérange pas une chaire qui est mal placée, on peut en faire dresser une provisoire, soit fixe, soit mobile et portative, pour s'en servir au besoin.

14° Quand vous avez pris dans la chaire la position convenable, ne la changez point pour vous tourner tantôt d'un côté tantôt de l'autre. Parlez habituellement devant vous. Si vous vous dirigiez trop vers un côté, on ne vous entendrait plus de l'autre; au lieu qu'en vous orientant vers le point central de votre assemblée, tout le monde vous entendra.

33. Rien n'est plus inconvenant que de re-

inconvenant que de représenter en chaire les choses dont on parle ou de contrefaire les personnes.

présenter en chaire les choses dont on parle, ou de contrefaire les personnes. On a l'air d'un comédien et d'un bouffon. Entrons dans quelques détails. « La mine a quelquefois des gestes,
« dit Quintilien, qui font entendre les choses
« en les imitant, comme, par exemple, si l'on
« voulait marquer qu'une personne est malade,
« en contrefaisant le médecin qui tâte le pouls;
« qu'un autre sait jouer de la lyre, en posant
« les mains et les doigts comme il convient
« pour jouer de cet instrument. Ces derniers
« sont vicieux et doivent être bannis de la pro-
« nonciation ; car un orateur doit fuir tout ce
« qui sent le bouffon, et rapporter par consé-
« quent son geste au sens plutôt qu'aux mots.

« Il n'est pas à propos, dit encore Quintilien,
« d'imiter toute sorte de postures et de repré-
« senter par son action généralement tout ce
« qu'on dit. Et ce n'est pas seulement à l'égard
« des mains que cela doit s'observer, mais à
« l'égard de tout le geste et du ton de la voix.
« Il ne faut point, par exemple, en racontant
« qu'un citoyen romain était fouetté par la
« main du bourreau, sur la place publique,
« qu'on représente la posture et le mouvement
« de bras du bourreau, ni les gémissemens et

« les cris que la douleur arrache à un patient. »

« Si Quintilien, dit Grenade, après avoir cité ces passages, trouve que cette manière d'imiter et de contrefaire est indécente dans un orateur qui ne traite que des choses qui regardent l'usage de cette vie, combien plus l'aurait-il condamnée dans un prédicateur de l'Évangile, qui ne parle que de celles qui regardent le bonheur et le malheur éternels de l'autre? Pour moi, ajoute Grenade, je ne suis point surpris de voir que les auditeurs applaudissent souvent à cette sorte d'imitation, sachant qu'ils n'estiment et qu'ils n'aiment que ce qui les divertit et les fait rire, comme on estime et on loue un baladin qui sait contrefaire au naturel la voix, l'action, et les divers caractères des hommes. C'est néanmoins ce que blâment toutes les personnes savantes et éclairées, et les plus considérées par leur piété, dont nous devons bien plutôt suivre les sentimens que de rechercher les applaudissemens du peuple. Ils n'estiment rien de si indigne de la gravité d'un docteur de l'Église et d'un prédicateur de l'Évangile, que de faire, comme les bouffons, toutes sortes de postures, et de contrefaire ainsi les gestes et les manières d'agir et de parler des autres. »

L'action doit être naturelle.

34. L'action doit être naturelle, sans être trop basse ni trop recherchée. On peut lui appliquer ce que nous avons dit du ton. L'orateur sacré doit avoir une action noble et grave qui s'éloigne d'un côté de ce qui est trop familier, et de l'autre de ce qui est trop étudié. Rien n'est plus propre à donner de justes idées sur cet article que l'extrait suivant des *Dialogues sur l'éloquence* par Fénélon.

« Je conçois, dit un des interlocuteurs, que la vue d'une grande assemblée et l'importance des sujets qu'on traite doivent animer beaucoup plus un homme que s'il était dans une simple conversation : mais en public, comme en particulier, il faut qu'il agisse toujours naturellement; il faut que son corps ait du mouvement quand ses paroles en ont, et que son corps demeure tranquille quand ses paroles n'ont rien que de doux et de simple. Rien ne me semble si choquant et si absurde que de voir un homme qui se tourmente pour me dire des choses froides. Pendant qu'il sue, il me glace le sang. Il y a quelque temps je m'endormis à un sermon. Vous savez que le sommeil surprend aux sermons de l'après-midi : aussi ne prêchait-on anciennement que le matin à la messe, après l'Évangile. Je m'éveillai bientôt, et j'entendis le prédicateur qui s'agitait extraordinairement; je crus que c'était le fort de sa morale.

B. Hé bien! qu'était-ce donc?

A. C'est qu'il avertissait ses auditeurs que le dimanche suivant il prêcherait sur la pénitence. Cet avertissement, fait avec tant de violence, me surprit, et m'aurait fait rire, si le respect du lieu et de l'action ne m'eût retenu. La plupart de ces déclamateurs sont pour le geste comme pour la voix : leur voix a une monotonie perpétuelle, et leur geste une uniformité qui n'est ni moins ennuyeuse ni moins éloignée de la nature, ni moins contraire au fruit qu'on pourrait attendre de l'action.

A. Vous dites qu'ils n'en ont pas assez quelquefois.

B. Faut-il s'en étonner? Ils ne discernent point les choses où il faut s'animer; ils s'épuisent sur des choses communes, et sont réduits à dire faiblement celles qui demanderaient une action véhémente. Il faut avouer même que notre nation n'est guère capable de cette véhémence : on est trop léger, et on ne conçoit pas assez fortement les choses. Les Romains, et encore plus les Grecs, étaient admirables en ce genre; les Orientaux y ont excellé, particulièrement les Hébreux. Rien n'égale la vivacité et la force, non-seulement des figures qu'ils employaient dans leurs discours, mais encore des actions qu'ils faisaient pour exprimer leurs sentimens, comme de mettre de la cendre sur leur tête, de déchirer leurs habits, et de se couvrir de sacs dans la douleur. Je ne parle point des choses que les prophètes faisaient pour figurer plus vivement les choses qu'ils voulaient prédire, à cause qu'elles étaient inspirées de Dieu. Mais, les inspirations divines à part, nous voyons que ces gens-là s'entendaient bien autrement que nous à exprimer leur douleur, leur crainte et leurs autres passions. Delà venaient sans doute ces grands effets de l'éloquence que nous ne voyons plus.

B. Vous voudriez donc beaucoup d'inégalité dans la voix et dans le geste?

A. C'est là ce qui rend l'action si puissante, et qui la faisait mettre par Démosthènes au-dessus de tout. Plus l'action et la voix paraissent simples et familières dans les endroits où l'on ne fait qu'instruire, que raconter, que s'insinuer, plus préparent-elles de surprise et d'émotion pour les endroits où elles s'élèveront à un enthousiasme soudain. C'est une espèce de musique : toute la beauté consiste dans la variété des tons qui haussent ou qui baissent, selon les choses qu'ils doivent exprimer.

B. Mais, si l'on vous en croit, nos principaux orateurs même sont bien éloignés du véritable art. Le prédicateur que nous entendîmes ensemble, il y a quinze jours, ne suit pas cette règle; il ne paraît pas même s'en mettre en peine (1). Excepté les trente premières paroles, il dit tout d'un même ton; et toute la différence qu'il y a entre les endroits où il veut s'animer, et ceux où il ne le veut pas, c'est que dans les premiers il parle encore plus rapidement qu'à l'ordinaire.

A. Pardonnez-moi, Monsieur, sa voix a deux tons; mais ils ne sont guère proportionnés à ses paroles. Vous avez raison de dire qu'il ne s'attache point à ces règles; je crois qu'il n'en a pas même senti le besoin. Sa voix est naturellement mélodieuse; quoique très-mal ménagée, elle ne laisse pas de plaire; mais vous voyez bien qu'elle ne fait dans l'ame aucune des

---

(1) Il y en a qui pensent qu'il s'agit ici de Bourdaloue.

impressions touchantes qu'elle ferait, si elle avait toutes les inflexions qui expriment les sentimens. Ce sont de belles cloches dont le son est clair, plein, doux et agréable; mais, après tout, des cloches qui ne signifient rien, qui n'ont point de variété, ni par conséquent d'harmonie et d'éloquence.

B. Mais cette rapidité de discours a pourtant beaucoup de grace.

A. Elle en a sans doute; et je conviens que, dans certains endroits vifs, il faut parler plus vite; mais parler avec précipitation et ne pouvoir se retenir, est un grand défaut. Il y a des choses sur lesquelles il faut appuyer. Il en est de l'action et de la voix comme des vers; il faut quelquefois une mesure lente et grave, qui peigne les choses de ce caractère, comme il faut quelquefois une mesure courte et impétueuse, pour signifier ce qui est vif et ardent. Se servir toujours de la même action et de la même mesure de voix, c'est imiter celui qui donnerait le même remède à toutes sortes de malades.

Mais il faut pardonner à ce prédicateur l'uniformité de voix et d'action : car, outre qu'il a d'ailleurs des qualités très-estimables, de plus, ce défaut lui est nécessaire. N'avons-nous pas dit qu'il faut que l'action de la voix accompagne toujours les paroles (1)? Son style est tout uni ; il n'a aucune variété ; d'un côté, rien de familier, d'insinuant et de populaire; de l'autre, rien de vif, de figuré et de sublime : c'est un cours réglé de paroles qui se pressent les unes les autres; ce sont des déductions exactes, des raisonnemens bien suivis et concluans, des portraits fidèles : en un mot, c'est un homme qui parle en termes propres, et qui dit des choses très-sensées. Il faut même reconnaître que la chaire lui a de grandes obligations; il l'a tirée de la servitude des déclamateurs, et l'a remplie de beaucoup de force et de dignité. Il est très-capable de convaincre; mais je ne connais guère de prédicateur qui persuade et qui touche moins. Si vous y prenez garde, il n'est pas même fort instruit (dans l'art oratoire); car, outre qu'il n'a aucune manière insinuante et familière, ainsi que nous

---

(1) Le reste de cet alinéa se trouve déjà cité dans une note du tome 1er, page 180. Nous avons mieux aimé le répéter que d'interrompre le dialogue en le supprimant.

l'avons déjà remarqué ailleurs, il n'a rien d'affectueux et de sensible. Ce sont des raisonnemens qui demandent de la contention d'esprit. Il ne reste presque rien de tout ce qu'il a dit dans la tête de ceux qui l'ont écouté : c'est un torrent qui a passé tout d'un coup, et qui laisse son lit à sec. Pour faire une impression durable, il faut aider les esprits, en touchant les passions : les instructions sèches ne peuvent guère réussir. Mais ce que je trouve le moins naturel en ce prédicateur, est qu'il donne à ses bras un mouvement continuel, pendant qu'il n'y a ni mouvement ni figure dans ses paroles. A un tel style il faudrait une action commune de conversation; ou bien il faudrait à cette action impétueuse un style plein de saillies et de véhémence; encore faudrait-il, comme nous l'avons déjà dit, ménager mieux cette véhémence, et la rendre moins uniforme. Je conclus que c'est un grand homme qui n'est point orateur. Un missionnaire de village, qui sait effrayer et faire couler les larmes, frappe bien plus au but de l'éloquence.

B. Mais quel moyen de connaître en détail les gestes et les inflexions de voix conformes à la nature?

A. Je vous l'ai déjà dit : tout l'art des bons orateurs ne consiste qu'à observer ce que la nature fait quand elle n'est point retenue. Ne faites point comme ces mauvais orateurs qui veulent toujours déclamer et ne jamais parler à leurs auditeurs : il faut au contraire que chacun de vos auditeurs s'imagine que vous parlez à lui en particulier. Voilà à quoi servent les tons naturels, familiers et insinuans. Il faut, à la vérité, qu'ils soient toujours graves et modestes; il faut même qu'ils deviennent puissans et pathétiques dans les endroits où le discours s'élève et s'échauffe. N'espérez pas exprimer les passions par le seul effort de la voix; beaucoup de gens, en criant et en s'agitant, ne font qu'étourdir. Pour réussir à peindre les passions, il faut étudier les mouvemens qu'elles inspirent. Par exemple, remarquer ce que font les yeux, ce que font les mains, ce que fait tout le corps, et quelle est sa posture; ce que fait la voix d'un homme quand il est pénétré de douleur, ou surpris à la vue d'un objet étonnant. Voilà la nature qui se montre à vous, vous n'avez qu'à la suivre. Si vous employez l'art, cachez-le si bien par l'imitation, qu'on le prenne pour la nature même. Mais, à dire vrai, il en est des orateurs comme des poètes qui font des élégies, ou d'autres vers passionnés. Il faut sentir la passion pour la bien peindre; l'art, quelque grand qu'il soit, ne parle point comme la passion véritable. Ainsi vous serez toujours un orateur très-imparfait, si vous n'êtes point pénétré des sentimens que vous voulez peindre et inspirer aux autres; ce n'est point par spiritualité que je dis ceci, je ne parle qu'en orateur (1).

B. Je comprends cela; mais vous nous avez parlé des yeux : ont-ils leur éloquence?

A. N'en doutez pas. Cicéron et tous les autres anciens l'assurent. Rien ne parle tant que le visage; il exprime tout : mais dans le visage, les yeux font le principal effet; un seul regard, jeté bien à propos, pénètre dans le fond des cœurs.

B. Vous me faites souvenir que le prédica-

---

(1) Les bons gestes sont ceux qu'on fait sans y penser et par la seule impulsion naturelle. Ceux qui sont prémédités et étudiés se sentent toujours de l'art. Les observations qu'on peut faire ne sont pas pour cela inutiles. Elles servent principalement à corriger les défauts qu'on peut avoir, et à perfectionner ce que la nature nous inspire toute seule.

teur dont nous parlions a d'ordinaire les yeux fermés : quand on le regarde de près, cela choque.

A. C'est qu'on sent qu'il lui manque une des choses qui devraient animer son discours.

B. Mais pourquoi le fait-il?

A. Il se hâte de prononcer, et il ferme les yeux, parce que sa mémoire travaille trop.

B. J'ai bien remarqué qu'elle est fort chargée : quelquefois même il reprend plusieurs mots pour retrouver le fil du discours; ces reprises sont désagréables, et sentent l'écolier qui sait mal sa leçon; elles feraient tort à un moindre prédicateur.

A. Ce n'est pas la faute du prédicateur, c'est la faute de la méthode qu'il a suivie après tant d'autres. Tant qu'on prêchera par cœur, on tombera dans cet embarras. »

35. Le geste, quelque varié et de quelque espèce qu'il soit, doit, comme le dit Fénélon, toujours accompagner la voix et la pensée, pour ainsi dire pas à pas, c'est-à-dire commencer, se soutenir et finir avec elles, sans les précéder ni demeurer en arrière. Le geste doit être d'accord avec la voix, et la voix avec le geste, de manière que non-seulement ils soient

<small>Le geste doit s'accorder avec la voix et la pensée.</small>

simultanés, mais encore analogues, et que l'un n'ait rien de contraire à l'autre. C'est pour avoir manqué à cette règle que Polémon, qui présidait à la distribution des prix d'éloquence aux jeux olympiques, exclut du nombre de ceux qui pouvaient y prétendre un acteur de tragédie, en disant qu'il avait fait *un solécisme de la main*, parce qu'il avait invoqué Jupiter, en montrant la terre, et la terre en montrant le ciel.

<small>Il doit être modéré.</small> 36. Si c'est un défaut de n'avoir point de geste, c'en est un aussi d'en faire trop. On est froid lorsqu'on n'a pas d'action, mais on est incommode lorsqu'on en a trop. « Que dirai-je, dit Grenade, de ceux qui, par de fréquens mouvemens de pieds, de bras et de tout le corps, semblent plutôt se débattre que prononcer un discours? Tantôt ils se plient le corps tout entier, tantôt ils s'abaissent jusqu'au fond de la chaire, tantôt ils en sortent comme tout d'un coup en s'élevant en l'air. Autant une action languissante touche peu, autant celle qui est trop emportée et pleine de gestes est difforme. Il y a une certaine mesure à garder en toute chose; tout ce qui va au-dessus ou au-dessous s'écarte de ce qui est juste, et choque les auditeurs. »

« Si nous voulons imiter la nature, qui doit être toujours le type et la règle de l'art, nous verrons, dit Maury, qu'on se recueille au lieu de s'agiter en parlant, quand on expose les raisons, pour les faire écouter; et si nous savons observer la société, il nous sera facile de nous convaincre qu'on y gesticule encore moins qu'on n'y déclame. Nous en concluons que tout ce qui n'est qu'exposition, preuve ou récit, ne comporte aucune déclamation, et que la multiplicité des gestes n'est jamais noble. »

« Naturellement on ne fait pas beaucoup de gestes, dit Fénélon, quand on dit des choses simples où aucune passion n'est mêlée. Il faudrait donc n'en point faire en ces occasions dans les discours publics, ou en faire très-peu; car il faut que tout y suive la nature. Bien plus : il y a des choses où l'on exprimerait mieux ses pensées par une cessation de tout mouvement. Un homme plein d'un grand sentiment demeure un moment immobile; cette espèce de saisissement tient en suspens l'ame de tous les auditeurs. » Ceci ne doit se faire que lorsque la nature y porte, et non par un calcul prémédité, parce qu'on aurait l'air de jouer un rôle, ce qui ne convient nullement au genre sérieux de la chaire.

Des essais de débit et d'action.

37. Ce que nous avons dit des essais de mémoire peut s'appliquer aux essais de débit et d'action. Il ne convient pas à un orateur sacré de s'exercer dans des sociétés comme des acteurs qui repassent une pièce et s'essaient à la représenter. Tout au plus pourrait-on permettre les essais dans les grands séminaires pour former les clercs au débit, ou dans les communautés d'ecclésiastiques pour exercer les jeunes prêtres qui débutent dans la carrière de la prédication. Encore faudrait-il leur faire débiter la plupart du temps quelque chose qui s'appliquât à l'auditoire, de peur de les accoutumer à parler par pure forme et sans application spéciale, ce qui est un inconvénient plus grave qu'on ne pense. Il n'y a que trop de prédicateurs qui oublient leur auditoire. Que serait-ce si l'on était accoutumé à en faire abstraction ? En voulant faire acquérir quelques qualités accessoires, on risquerait d'occasionner des défauts notables. C'est à quoi il faut veiller. On peut cependant exercer les séminaristes par de petites compositions d'un quart d'heure environ, ou d'une demi-heure au plus, sur un sujet don-

né (1). Il n'est pas nécessaire pour eux que le discours se rapporte à l'auditoire. On doit supposer qu'ils parlent dans les paroisses.

38. Nous rappellerons à l'orateur sacré qu'après avoir prononcé son discours, il doit prier, et pour ses auditeurs, afin qu'ils profi-

Ce que doit faire l'orateur sacré après avoir prononcé son discours.

---

(1) Avant de les faire composer, il faudrait leur faire faire des analyses de bons modèles et des comptes-rendus sous différens rapports, par exemple, sur le fond, sur le plan, sur le style, etc. On les exercerait ensuite au débit. En leur faisant lire une division ou une partie d'un discours de Massillon ou d'un autre orateur, on leur apprendrait à donner le ton convenable aux différens morceaux qui s'y trouvent. De cette manière, ils ne seraient pas si neufs en débutant dans les paroisses, et ils éviteraient bien des défauts qu'ils contractent en étant abandonnés à eux-mêmes dans l'isolement des campagnes. Nous nous étonnons de ce que l'exercice sur la prédication, qui est si importante, ne soit pas établi plus généralement dans les séminaires. Il serait cependant facile, comme nous l'avons dit ailleurs, de l'y introduire, en se bornant à faire chaque semaine un ou deux essais. Les avantages en seraient immenses. On développerait par-là des talens qui restent enfouis ou qui se gâtent faute d'exercice et d'observations. Cette pratique aurait les plus grands résultats pour le bien de l'Église et des paroisses, et le nombre des bons prédicateurs serait beaucoup plus considérable qu'il ne l'est.

tent de ce qu'il a dit, et pour lui-même, afin qu'après avoir prêché aux autres il ne se perde pas en négligeant de mettre en pratique ce qu'il a enseigné. Il doit bien se garder, s'il a réussi, de se laisser aller à une vaine complaisance, surtout s'il reçoit des éloges. Que serait-ce si, au lieu de suivre cet avis, il avait la faiblesse de les désirer et de les rechercher! Qu'ils sentent peu la dignité de leur ministère ceux qui vont en quelque sorte mendier des complimens en s'informant de ce qu'on pense de leurs discours, et cela, non-seulement auprès de leurs confrères, mais quelquefois auprès des simples laïques et même des femmes! Quelle bassesse!

S'il n'a pas réussi, il faut qu'il se tienne en garde contre une autre faiblesse, qui est de s'excuser comme un écolier qui n'a pas su sa leçon et qui craint une punition. Le P. Rapin, dans ses *Réflexions sur l'Éloquence*, rapporte le fait suivant : Un prédicateur prêchant un jour devant le cardinal de Richelieu (sans doute sans s'y être attendu) s'acquitta assez mal de sa fonction. Après le sermon il alla trouver le ministre. Il se félicita d'abord d'avoir eu l'avantage de prêcher en sa présence; puis, pour s'excuser sur la manière dont il avait rempli son ministère, il ajouta qu'il avait été obligé de s'abandonner au Saint-Esprit, parce qu'il n'avait pas eu le temps de se préparer, qu'une autre fois il se préparerait et qu'il pourrait faire mieux. Le cardinal lui répondit qu'il pouvait se dispenser pour cette fois de reconnaissance au Saint-Esprit, parce qu'il lui avait peu d'obligation pour le sermon qu'il venait de faire.

Nous rappellerons aussi au prédicateur ce que nous lui avons déjà conseillé ailleurs, que c'est après le débit qu'il doit prendre des *notes* pour perfectionner son discours. Ces notes, comme nous l'avons dit, ont pour but, 1° de mettre à profit les remarques que la prononciation aura donné occasion de faire pour ce qui peut être à retrancher, à ajouter ou à modifier dans son discours, soit pour l'ensemble, soit seulement pour quelques parties; 2° de recueillir certaines pensées que la chaleur du débit a fait éclore, ou certaines tournures qu'elle a fait découvrir (1); 3° de ne pas oublier les ob-

---

(1) Il survient quelquefois d'heureuses inspirations qu'il est bon de rédiger dans le premier moment libre, de peur qu'en attendant plus tard elles ne s'effacent de la mémoire. Ces morceaux sont ordinairement ceux qui servent le plus dans la suite.

servations utiles et raisonnables qu'on a pu recevoir de la part des autres.

Conclusion. 39. Si l'on juge de la plupart des sermons qu'on entend d'après les principes que nous venons d'exposer, il faudra convenir qu'il y en a peu qui sont bien composés ; et si, d'après les mêmes principes, on porte son jugement sur la manière dont ils sont débités, on ne pourra s'empêcher d'avouer qu'il est rare de trouver un prédicateur qui réunisse tout ce qu'il faut pour faire un parfait orateur. Ces vérités, que l'expérience démontre, doivent-elles porter à se décourager et à cesser de faire des efforts pour atteindre la perfection oratoire? Non sans doute. *La règle est toujours au-dessus de la pratique.* En tâchant de l'observer on évite une infinité de défauts dont on ne se garantirait pas sans cela. Si l'on n'est pas parfait, on est du moins meilleur qu'on ne serait si l'on n'avait pas la règle sous les yeux.

Courage donc, jeunes orateurs chrétiens qui débutez dans la carrière de la prédication. A la vue des difficultés du sublime ministère que vous exercez, gardez-vous de vous rebuter. Plus heureux que vos devanciers, vous êtes riches de leurs ouvrages et du fruit de leurs veilles. Vous pouvez profiter de leurs lumières et de leur expérience. Allez vous instruire à l'école de ces illustres maîtres qui ont fait la gloire et l'ornement de l'Église. Puisez dans leurs immortelles productions les trésors de la science divine. Apprenez d'eux à mettre en œuvre le dépôt sacré de la doctrine évangélique. Formez-vous sur leur modèle. Ils ont atteint les limites de l'art. Ce n'est qu'en marchant sur leurs traces que vous pourrez espérer de réussir. Ne vous laissez donc pas séduire par les illusions d'un progrès chimérique. La mode, en fait de littérature comme en beaucoup d'autres choses, est un mauvais guide. Ce qu'elle produit n'a qu'une vogue passagère. Tôt ou tard on revient au bon goût. Épargnez-vous de tristes expériences. Vous désirez le succès; cherchez-le dans la conversion des ames. Prêchez encore plus par vos exemples que par vos discours. Méprisez la vaine gloire du siècle qui s'évanouit comme la fumée, et attachez-vous à mériter celle qui vient de Dieu, parce qu'elle est la seule qui ne passe pas.

FIN DU TOME SECOND.

TABLE

DES CHAPITRES ET ARTICLES

CONTENUS DANS LE TOME SECOND.

CHAPITRE VII. — *De l'Instruction et des moyens oratoires d'éclairer et de frapper les esprits*.. 1

1. Observations préliminaires.............. *ib*.
2. Des différentes situations des esprits qui ont besoin d'être éclairés................... 3
3. De l'instruction des ignorans............ 8
4. Ils sont plus nombreux qu'on ne pense. — Nécessité des instructions familières sur les choses les plus communes............... 12
5. Sentimens d'Abelly .... *ib*.
6. Il faut se mettre à la portée du plus grand nombre, en laissant les pensées trop relevées 13
7. Ne pas craindre de rappeler souvent les mêmes vérités......................... 18
8. Excès à éviter. Règles à suivre........... 20
9. Des moyens d'éclairer ceux qui sont dans

774   TABLE.

l'erreur ou les préjugés, sur les vérités de la Religion 21
10. Sentiment de saint François de Sales sur les controverses............................ ib.
11. Danger des sermons de controverse, même pour les catholiques.................... 22
12. Méthode du saint évêque de Genève...... ib.
13. Conversions innombrables que fit saint François de Sales........................... 31
14. Trait particulier....................... 33
15. Les sermons de morale peuvent servir à convertir même les hérétiques............ 35
16. Sentiment de saint Vincent de Paul sur les controverses............................ 36
17. Sentiment de saint François de Borgia sur la même matière...................... 41
18. Méthode du P. Eudes................... 43
19. Règles à suivre dans les controverses directes..................................... 49
20. Des moyens de bien instruire sur les devoirs du Christianisme (sur la morale).
1er *Moyen*. Éviter deux excès, le relâchement et la trop grande sévérité.......... 55
21. Sur la vogue des prédicateurs sévères..... 58
22. 2e *Moyen*. Entrer dans des détails pratiques. Leur importance et la manière de les faire. 61
23. La pratique pour le salut est le but essentiel de la prédication.................. 73
24. Il faut recommander souvent les pratiques pieuses à l'exemple de saint Liguori...... 75

25. Avantage des faits et des comparaisons pour l'enseignement de la Religion............	80
26. Sentiment de Fénélon...................	ib.
27. Les faits font mieux sentir les choses que les meilleurs raisonnemens.—Exemples....	86
28. Où les puiser	ib.
29. Ne citer que des faits certains...........	87
30. N'en citer qu'un petit nombre et à propos.	ib.
31. Les citer brièvement et en faire l'application aux auditeurs......................	90
32. Des histoires où se trouvent des dialogues..	92
33. Exemple tiré de saint Grégoire de Nazianze.	93
34. Des comparaisons......................	97
35. Sources des comparaisons................	98
36. Comparaisons tirées de Bossuet...........	99
37. Des comparaisons tirées de l'Histoire......	104
38. Des paraboles ou similitudes.............	105
39. Des suppositions ou hypothèses...........	108
40. Des descriptions et des tableaux oratoires..	112
41. Manière de peindre les choses............	ib.
42. Du choix des circonstances...............	115
43. Exemples tirés de Bossuet................	116
44. Des peintures morales...................	121
45. Exemple tiré de Massillon (le pécheur mourant).................................	123
46. Autre exemple tiré de saint Augustin......	129
47. Des portraits. Il faut en faire rarement dans les sermons...........................	130
48. On peut faire des portraits dans les panégyriques et dans les oraisons funèbres.....	132

49. Exemple. — Portrait de Cromwel par Bossuet.................................... 133
50. Portrait de saint Louis.................. ib.
51. Portrait de saint Vincent de Paul........ 135
52. Portrait de M. de Beaumont, archevêque de Paris.............................. 136
53. Du parallèle........................... 139
54. Des images 145
55. L'imagination pénètre dans l'infini 146
56. Les images sont très-fréquentes dans l'Écriture................................ 147
57. Des moyens extraordinaires de frapper les esprits par les sens en prêchant 149
58. Trait rapporté par Quintilien............. ib.
59. Trait de Massillon..................... ib.
60. Emploi des moyens sensibles par les missionnaires............................ 152

CHAPITRE VIII. — *Des sentimens et des moyens oratoires d'émouvoir et de toucher les cœurs*.. 154

1. Observations préliminaires............... ib.
2. Nécessité des mouvemens oratoires ou des sentimens............................ 155
3. Sentiment de Fénélon sur cet article...... 163
4. On convertit plus par le sentiment que par le raisonnement...................... 164
5. Sentiment de saint François de Sales sur la nécessité de s'adresser au cœur des auditeurs................................ 165

6. Sentiment des Jésuites	166
7. Méthode du P. Eudes	167
8. Sentiment d'Abelly	168
9. Sentiment de saint Liguori	171
10. Le pathétique facilite le succès de l'orateur	*ib.*
11. Il faut le préférer aux autres qualités oratoires	173
12. Faits qui en montrent l'avantage. Massillon	174
13. Saint Augustin	181
14. Harangue de l'évêque Flavien	184
15. Péroraison d'une exhortation pathétique de l'abbé Poulle	191
16. Paroles remarquables du même orateur	195
17. De l'onction	198
18. De la place des mouvemens oratoires	202
19. Ils doivent être naturels	204
20. Il ne faut pas les faire mal à propos	206
21. Il faut éclairer et frapper l'esprit avant d'entreprendre d'émouvoir	207
22. Les mouvemens doivent être amenés par degrés. Belle allégorie pour faire sentir cette vérité	210
23. Comment Massillon l'a mise en pratique	212
24. Les mouvemens ne doivent être ni trop faibles ni trop violens	216
25. Ni trop fréquens ni trop prolongés	217
26. Réflexions de l'abbé du Jarry	219
27. Les mouvemens ne doivent pas être trop courts	221

28. Il ne faut rien y mêler qui leur soit contraire ou même étranger................ 223
29. Observations importantes sur les péroraisons. 224
30. Sources du pathétique.................. 226
31. L'amour de nous-mêmes............... *ib.*
32. Sentiment d'Abelly.................... 229
33. La sympathie en général............... 231
34. L'affection naturelle pour ceux qui nous sont chers.......................... 232
35. L'amour de la patrie.................. 233
36. La conscience....................... 234
37. L'amour de la justice................. 236
38. Le sentiment religieux ou la Foi........ 237
39. Le prédicateur doit s'appliquer surtout à exciter dans les ames l'horreur du péché et la crainte de Dieu..................... 238
40. On peut fortifier les mouvemens par des passages de l'Écriture, ou en rappelant des faits connus........................ 240
41. Les contrastes excitent le pathétique...... 242
42. Il en est de même des surprises......... 245
43. La principale source du pathétique est dans le cœur de l'orateur.................. 247
44. Le prédicateur est dans les mêmes intérêts que ses auditeurs..................... 249
45. Des différentes manières d'exprimer les sentimens. — De l'exclamation............. 251
46. De l'interrogation..................... 252
47. De l'apostrophe...................... 253
48. De l'invocation....................... 255

49. De la supplication et de l'adjuration	257
50. Du souhait	259
51. De la prosopopée	260
52. Du dialogue et de la réfutation	262
53. De la répétition	265
54. Observation	ib.

CHAPITRE IX. — *Du style oratoire*............ 267

1. Du style et de ses différentes sortes	ib.
2. Du style convenable à la chaire	268
3. Nécessité pour l'orateur sacré de soigner son style. — Comment il faut entendre ceci. — Distinction essentielle	ib.
4. Explication de quelques paroles de saint Paul	269
5. Prétextes dont on se sert pour justifier les prédicateurs élégans	271
6. Réponses	273
7. Aux orateurs chrétiens	276
8. Autres motifs pour ne point rechercher le style poli dans les sermons	279
9. Du prétexte du bien de la Religion et des ames	ib.
10. Sentiment de saint Liguori	280
11. Sentiment d'Abelly	281
12. Sentiment de Gaichiès	282
13. Ce que dit le P. Aquaviva du prédicateur qui cherche le style élégant	ib.
14. Le mauvais goût vient souvent de la lecture des sermonnaires brillans	283

15. Autres causes	284
16. Les hommes apostoliques ont négligé les agrémens du style pour produire plus de fruit.	*ib.*
17. Nous ne sommes pas les ennemis de l'éloquence. — Ce que nous blâmons	286
18. Du prétexte de l'exemple de certains prédicateurs renommés	288
19. Du P. de Mac-Carthy	290
20. Inconvéniens du genre soigné	294
21. On peut se corriger de l'habitude du genre soigné.—Exemple du P. Geoffroy	295
22. Trait de saint François de Sales	296
23. Histoire de Taulère	298
24. Réflexions	303
25. Un prédicateur s'abaisse en voulant faire des phrases	304
26. Sentiment et conduite de saint Liguori à ce sujet	305
27. Bons effets de ses sermons	306
28. Des règles essentielles de l'élocution	307
29. Le style du discours doit être varié	308
30. De la liaison des différens styles	309
31. Le style du discours doit être oratoire; ce qui s'entend même du style simple	*ib.*
32. Ce qu'on entend par le style simple oratoire	310
33. Nécessité des ornemens modérés dans le style oratoire	314
34. Exemples qui montrent la différence du style ordinaire et du style oratoire	315

35. De la trivialité 321
36. Moyens d'éviter ce défaut et beaucoup d'autres................................. 322
37. Conduite de saint Liguori relativement à ses missionnaires....................... 323
38. Comment on trouve le style simple oratoire. 324
39. Il y a de l'amour-propre et de la bassesse à s'excuser sur son style, son temps, etc.. 326
40. Le style oratoire ne doit pas être poétique. 327
41. Les ornemens affectés ou de mode rendent les discours inutiles au peuple............ 329
42. De ceux qui rougissent de parler comme les autres, et surtout des romantiques..... 330
43. La présence et l'assentiment de la foule ne sont point une preuve irréfragable de la bonté du genre adopté par le prédicateur. 333
44. Il ne faut pas se servir de mots scientifiques................................... 356
45. Sentiment de saint Liguori............... 358
46. Trait de saint Jean-Chrysostôme......... 359
47. Observation importante sur les articles qui suivent................................ *ib.*
48. De l'élégance. — En quoi elle se fait principalement remarquer................... 360
49. Des synonymes et des périphrases......... 361
50. Des épithètes........................... 364
51. Des expressions figurées 366
52. De la métaphore 367
53. Des tournures oratoires ou des figures qui se rapportent plus spécialement au style... 374

54. De l'allocution ou du discours direct...... 375
55. De la communication.................... 376
56. De la subjection ou anté-occupation (réfutation anticipée)........................ 377
57. De la dubitation...................... 378
58. De l'énumération..................... 379
59. De l'épiphonème...................... 380
60. De l'ellipse ou retranchement de mots.... 382
61. Autres figures de style................ 383
62. De la définition oratoire.............. ib.
63. De la gradation...................... 385
64. De la réticence...................... 387
65. De la suspension..................... ib.
66. De la prétérition ou prétermission (feinte de silence)......................... 388
67. De la concession..................... 389
68. De la permission..................... 391
69. De la correction..................... 392
70. De l'ironie......................... ib.
71. De l'allusion....................... 393
72. De la paraphrase.................... 394
73. De l'hyperbole...................... ib.
74. De l'antithèse...................... 953
75. Il faut varier et mélanger les figures....... 401
76. Observations sur l'emploi des figures...... 423
77. Observations sur le style périodique et le style coupé........................ 427
78. Du sublime et de ses différentes sortes.... 429
79. Source du sublime................... 430

80. Caractères principaux qui distinguent les objets sublimes dans la nature physique... 432
81. Du sublime de sentiment................ 434
82. La Religion est la source la plus abondante du sublime........................ 436
83. Exemples du sublime. — Exemples du sublime d'idée........................ *ib.*
84. Exemples du sublime d'image........... 438
85. Exemples du sublime de sentiment et de circonstance........................ 444
86. Le sublime est dans les choses plus que dans les expressions................... 445
87. Le sublime et le ridicule se touchent..... 446
88. L'art n'apprend point à être sublime.— Quels sont les vrais moyens de le devenir. 448
89. Des moyens de former son style......... 450
90. 1er *Moyen*. La lecture des bons modèles.... 451
91. 2e *Moyen*. La composition. Exercices préliminaires........................ 453

Chapitre X. — *De la Composition*............ 455

1. Nécessité de la composition............ *ib.*
2. Des diverses opérations de la composition. —Comparaisons.................... 460
3. Du choix du sujet. Il faut préférer les grands sujets...................... 462
4. Sentiment du P. Rapin 463
5. Indication de sujets par le même auteur... 465
6. Il ne faut pas embrasser trop de matières, mais se borner à un objet particulier..... 471

7. De la fausse abondance 472
8. Il ne faut pas prendre indifféremment tout ce qui se rapporte à un sujet 473
9. Il faut rejeter les matières trop abstraites et traiter les plus communes.............. 474
10. Sentiment de saint Grégoire-le-Grand cité par Grenade 475
11. Sentiment des Jésuites.................. 476
12. Sentiment de saint Liguori .... *ib.*
13. Du choix du rapport 477
14. Le besoin des auditeurs doit déterminer le choix du rapport, même dans les grands sujets 478
15. Sentiment de Grenade.................. 479
16. Sentiment d'Abelly 481
17. Il faut s'occuper non-seulement des besoins généraux, mais des besoins particuliers des auditeurs............................. 482
18. S'appliquer surtout à la guérison de leurs maladies spirituelles. — Détails à ce sujet.. 483
19. De l'étude du sujet. Sa nécessité 490
20. Des moyens d'étude ou d'invention. 1er *Moyen.* — Méditation du sujet............ 492
21. Moyens propres à aider la réflexion. Des lieux communs............................. 493
22. Principaux objets de la prédication....... 496
23. Sources des preuves.................... 498
24. Termes qui renferment les idées générales d'un dogme............................ 499
25. Idées générales d'une vertu et d'un vice... 500

22. Merveilleux effets de la prononciation véhémente.................................. 731
23. Excès à éviter........................... 733
24. Danger de ces excès pour la santé........ 738
25. Vigilance de saint Vincent de Paul pour empêcher ses Missionnaires de tomber dans ces excès 739
26. Les tons doivent être gradués 740
27. Du maintien et du geste. — Leur nécessité. 741
28. De la tête 743
29. Du visage............................... 744
30. Des yeux .... *ib.*
31. Des mains.............................. 746
32. Divers défauts à éviter dans le geste et le maintien................................ 747
33. Rien n'est plus inconvenant que de représenter en chaire les choses dont on parle ou de contrefaire les personnes............. 752
34. L'action doit être naturelle............... 754
35. Le geste doit s'accorder avec la voix et la pensée.................................. 763
36. Il doit être modéré...................... 764
37. Des essais de débit et d'action........... 766
38. Ce que doit faire l'orateur sacré après avoir prononcé son discours................... 767
39. Conclusion.............................. 770

FIN DE LA TABLE DU TOME SECOND.

Autres Ouvrages du même Auteur.

———

EXPLICATION PRATIQUE DU CATÉCHISME, ou INSTRUCTIONS SUR LES VÉRITÉS ET LES DEVOIRS DE LA RELIGION, avec des Explications claires et précises, des Pratiques à la fin des chapitres, des Traits historiques choisis, des Paraboles et différens Articles accessoires. Ouvrage entièrement neuf pour le plan et la méthode, utile aux Catéchistes, aux Instituteurs, aux Pères et Mères, et à tous ceux qui peuvent s'instruire par eux-mêmes. Seconde Édition, revue, corrigée et considérablement augmentée par l'Auteur. 3 vol. in-12.

EXPOSITION CLAIRE ET PRÉCISE DES VRAIS PRINCIPES SUR LE PRÊT A INTÉRÊT, seconde Édition augmentée de Notions simples et exactes, pour servir de préservatif contre les faux principes des partisans du PRÊT DE COMMERCE. 1 vol. in-12.

GUIDE PASTORAL, ou ABRÉGÉ DES RÈGLES ET PRINCIPES propres à diriger dans l'administration d'une paroisse. 1 vol. in-8°.

Sous presse :

RÈGLE DE VIE POUR UN PRÊTRE. — 1 vol. in-18.

www.ingramcontent.com/pod-product-compliance
Lightning Source LLC
Chambersburg PA
CBHW072020150426
43194CB00008B/1193